船井幸雄が最後に伝えたかった真実

船井流〝経営と生き方〟のコツ

ビジネス社

【編集部より】

本書は船井メールクラブに配信されたコンテンツを元に、著者が加筆・編集し、弊社が出版してきたシリーズの最後の1冊になります。

著者が亡くなった後に、2本の原稿が遺されておりました。そのうち1本は『すべては「必要、必然、最善」』（小社刊）であり、残りの1本が本書になります。その内容を追いますと、著者は亡くなるわずか2、3週間前まで、原稿の執筆を止めなかったようです。まさしく生のエネルギーを究極まで使い切って逝かれたのだと、感慨深いものがあります。

ただ、原稿は正確には未完成でした。亡くなられたのが2014年の1月です。おそらく著者は、2013年12月一杯までのメールクラブ原稿を待ち、必要ならば手を加えたうえで、最終稿を完成させようと考えていたと思われます。

弊社としましては、仕事において完璧主義者だった著者の「未完成原稿」を出版することについては、少なからぬ迷い、葛藤がありました。

しかし、本書の出版は生前の著者との約束事であり、未完成原稿とはいえ、そのまま永遠に眠らせてしまうには余りに惜しい、実に充実した内容の原稿でした。そこで、船井メールクラブのスタッフのみなさま、弊社の編集部員ほか協力スタッフなど、生前の著者と身近に接してきて、著者の意向を深く理解していたと思われる人たちを動員し、慎重に慎重を期したうえで完成原稿に仕上げ、出版に踏み切る決心をした次第です。

弊社の意向を快くご諒解いただいただけでなく、自ら元原稿の編集にまでご協力いただいた御子息の船井勝仁さまに心より感謝の意を表しつつ、本書を船井幸雄氏の一周忌を期して広く出版させていただくことにいたしました。

まえがき

本書はビジネス社から２０１４年８月に出版していただいた『すべては「必要、必然、最善」』に引き続き、２０１４年１月19日に永眠した船井幸雄を著者にした、船井メールクラブの原稿をまとめて出版させていただく最後の本になります。

編集部よりということでお知らせしていただいたように、父の未完の原稿を、こと原稿を書くということになると、父とほとんど同じ感覚で文章を書けるぐらいお世話になったライターの方にお願いして補完していただいての出版になります。ここまでして本を出さなければいけないのかと思われそうな気がしないでもないのですが。

ただ完成した内容を見て、多分船井幸雄本人も意図はしていなかったのだとは思いますが、それこそ神のはからいで本人が最後に「船井流経営法」の極意を本音であけすけに語った内容になっており、外交の話や戦争の話、これからの日本のあり方に至るまで幅広い先生方の原稿を解説していただく形になっています。本人にとってはそのすべてを包み込んでできたのが、まさに「船井流経営法」だと考えると、最後にこの本が残せて本当に満足しているのではないかと思います。

父は何をするにも手を抜けない人で、最後に入院するときも原稿用紙と万年筆を持ち込んで本書の執筆に執念を燃やしていました。ただ、やはり病院の中では最初の数日しか仕事をする気持ちにはなれなかったようで、結局未完の原稿になってしまいました。しかし、家の中でしょっちゅう倒れるようになってしまって、もう入院するしかないというような状態になっても船井メールクラブの原稿に対しては、ええ格好をせず本音で伝えたいことを書き残すという姿勢を最後まで貫いていました。

本書を校正させていただいて、私は2014年11月になってやっと発刊することができた82人の方に原稿を寄せていただいて完成した「追悼　船井幸雄〜魁人が残したもの〜」の校正をした時と同じ感覚に襲われました。それは、もしこの校正を3月や4月の段階でしていたら、私は船井幸雄の後継者である立場から逃げ出したくなっただろうという感覚です。それぐらい父が多くの方に愛されていて、多くの方の人生に影響を与えて、多くの方から期待されていたことが強く感じられたからです。

船井メールクラブの発行に関しては、立ち上げの時からかかわり、病気がちだった船井幸雄に代わって最初からどの先生にどんなコンセプトで執筆いただくかということや、原稿の事前のチェックなどにも関わっていて内容はよく分かっているつもりになっていました。それでも改めて父が考えていた方向でまとまった原稿を読ませていただくと、当時は気が付かなかった上記の父の偉大さに改めて気付かされてしまいました。

前著である『すべては「必要、必然、最善」』の時も、父から叱られているというかカリスマ性を嫌がっていてはいい経営者には絶対になれないと叱咤激励された箇所で唸ってしまったものです。本書では具体的な私に対する教えはないものの、その代わりに本書全体で大事な考え方、それこそ『船井流経営法』の真髄を諭されている感覚がしています。

そして、これは船井幸雄がいつも皆さんに対してやってきた方法論を実践したのだと感じました。例えば私にとっては、本書は『船井流経営法』を諭すための本になっていますが、読者の皆様一人ひとりに対して、それぞれ違う大事なメッセージをお伝えする本になったのだろうと確信しているのです。船井幸雄の得意技は同じ本なのにそれぞれの人に違う、でもその時に一番必要なメッセージをお伝えすることができることだったからです。

そんなことを感じると、まだまだ私は父の足下にも及びませんが、ある先生から「ラーメン屋さんを継ぐためにはスープの味を変えないことが大事だよ」と教えてもらいました。一番基本となるスープの味は変えてはいけないが、もちろん時代にあった創意工夫はやっていかなければいけないし、その創意工夫が引き続きスープの味（「船井流経営法」や「有意の人の集合的無意識を活用していい世の中を想造していくという方法論」）を多くの皆様に美味しく味わっていただくことにつながるのだと思っています。

私なりの創意工夫をしていこうと強く感じているタイミングで、船井幸雄の原点とも言える「船井流経営法」に改めて触れることで、私は父が「お前のやっている方向性は間違っていない」と言ってくれているように感じることができました。読者の皆様も、本書をお読みいただくことで、それぞれの皆様の中にある父・船井幸雄との対話をしていただければ、スープの味をしっかり受け継いでいく覚悟をした後継者としてはこんなにありがたいことはありません。

おかげさまで皆様それぞれの考える船井幸雄の真髄に触れていただけるような、ある意味では次元を超えた本になりました。素晴らしい本を作っていただいた株式会社ビジネス社の唐津隆社長、ライターの市川尚氏、そして船井メールクラブの藤原かおり編集長に感謝の意を捧げたいと思います。

２０１４年12月8日

船井　勝仁

第1章　これまで書けなかった船井流経営法の一体系

第2章

仕事だけの人生を生きた男の〝収支決算〟

第3章 国際社会との上手な付き合い方を考える

第4章

世界中が日本人の生き方に注目している

第5章 未来に向けて必要な哲学は東洋思想の中にある

第1章

これまで書けなかった船井流経営法の一体系

アベノミクスは平成の「真珠湾攻撃」

本章では2013年の8月1日、9月5日、10月3日の3回にわたって船井メールクラブに書いた「船井流経営コンサルティング法I〜III」をもとに、いささかの加筆・訂正を施したうえでお読みいただこうと思います。

その前に、日本の現状について記した、私の「これが本音です」(2013年7月4日配信)を一読願います。というのは、これも船井流経営コンサルティング法の重要な一つなのですが、経営は「経営の原理原則に従って行えば(たとえ不況時でも)失敗しない」と同時に、その原理原則に従いつつ「時流に乗る」と爆発的に業績がアップするのです。

どうせ企業経営に乗り出すのなら、なるたけ大きな成功をおさめてみたいと思うのは、誰しも同じでしょう。そのためには、いまの世の中の事情(≒時流)を正確に把握しておく必要があります。

【これが本音です】

私のブログなどでは時々ほのめかしたことがありますが、きょうはこのFMC(船井メールクラブ）では思い切って本音を書きます。

私は勘はよいほうです。思ったことも言ったことも90数％の確率で当ってきました。私の余命も3～4年以上ないだろうと思っていますが、これだけは「神のみぞ知る」でしょうが、多分、そうなるでしょう。

この私が、ここ半年以上も気になる男性がまず2人います。

その1人は、安倍晋三現日本国首相です（他の1人は黒田東彦《はるひこ》日銀総裁です）。

安倍さんはよくしゃべります。官房副長官ぐらいが90％以上は言うべき内容のことを100％以上も自分で話してしまいます。言わないほうがいいことを言いすぎのように思います。

いまのまったく頼りにならないマスコミの言うことや、マスコミの言う高い自分の支持率を本気になって信じているようにも見えます。いまはマイナスのウワサなどについて聞く耳を持たないでしょう。

個人的には、すなおな、まじめで私の好きな人ですが、ちょっと取りまきというか周りがいい気にさせすぎているように見えます。

（ここでちょっと珍しいことを書きます。書斎の前の「そめい吉野」にうぐいすが来て、美しい声で「ほーほけきょ」と2回鳴いてくれました。

私宅の庭には、モミジ、八重桜、杉、ヒノキ、楠、モッコクなど、大きな木が数十本あり、雀や土鳩、カラスなど多くの鳥がいますが、うぐいすの鳴き声は珍しいのです。気分が洗われます。つい探そうと窓を開けてついでに爪を切って、顔を外へつき出して探しましたが、うぐいすの影も形も見当りません。ただ時々思わぬ時に「ほーほけきょ」ときれいな声でどこかで鳴いてくれるから、自然とはたのしいものですね）。

話をもどします。

私は安倍首相の意向で、日銀総裁に黒田さんがなり、4月4日に「異次元の金融緩和」を発表した時に、これで安倍・黒田連合部隊は、いよいよ日本を「心ならずもよくしようと思って、つぶしてしまうな」と確信しました。

ちょうど5月13日に朝倉慶さん（経済評論家）が「平成の真珠湾攻撃」という題名の小レポートを送ってくれました。

これには、その辺についての事情を実に分かりやすく説明していますから、できるだけ入手して、お読みください。（※同レポートは、（株）船井メディア発行の「朝倉慶の21世紀塾」の5月15日発行の第119号　隔週レポート「Kレポート」でお読みいただけます（有料）。

↓http://www.funaimedia.com/asakura/）
私は彼とは考え方がよく似ているのですが、この朝倉レポートは90％以上正しいようだと私には思えます。

株高、円安で「賃金上昇」「失業率改善」はありえない

安倍・黒田政策は、「太平洋戦争時の日本のパールハーバー奇襲と100％似ている」というのが朝倉さんの意見です。

余りにも「自分ら」というより「日本の力」というのを過信した安倍・黒田両氏のうぬぼれが、マスメディアによる安倍支持率の勘ちがいもあり、日本人全体（というより70％ぐらいの人）もいまは勘ちがいをさせているように私には思えてならないのです。

パールハーバーでも、その後、しばらく日本軍は大勝利でした。国民はみんな「日本が世界を相手に戦争をやれる」とマスコミ（軍部、大本営）のリードで思いました。

しかし結果は、昭和20年8月15日にはっきりでました。その時は日本中は焼け野原になり、B29の爆撃ぶりとあの時の食品などの不足ぶりは、いま思い出しても寒気がします。

結局、日本はパールハーバーではじめた戦争をどうして終わらせるかが、分からなかったの

です。
それに対し、今度の安倍・黒田政策は、もっと質が悪く終わらせようがない……、もう行きつくところまで行かねばならない……というのが私や朝倉さんの意見です。

これから株は上り、為替は円安になり、安倍・黒田氏の人気、特に安倍氏の人気は急上昇しないまでも70％ぐらいの支持率をしばらくは保持するでしょう（しかし永くとも2～3ヵ月だと思います）。

今年（2013年）の日銀の日本国債買取額は90兆円で、日本の国家予算92兆円強と比べて、債券を貨幣化してしまおうとしています。

当然、目先はよいでしょう。とはいえ、もう少し先（早ければ今年秋ごろ）では、もう輸入物価値上がりなどの問題が出てくるでしょう。

分かりやすく言いますと、安倍・黒田さんは、2年でマネタリーベースを2倍にしようというのですから、私からみると狂気の沙汰にしか見えません。

日本のマネタリーベース額は2010年までは38兆円ぐらいでした。
それが白川総裁時代に100兆円ぐらいまで増え、今度はその額を2年で270兆円まで持って行くというのですから、それも日銀は毎月の国債発行額の70％まで市場で買い取っていくというのですから、第三者にとっては、もう笑い話です。

これによって賃金が上昇し、失業率が減ると安倍・黒田両氏は心から考えているもようですが、企業をよく知っている私から言えば、生命をかけて経営をしている企業家はそんなに甘くありません。

これらがみんな悪材料となり、悪循環に入り、8月ころにはうまくいかないことが分かってくる可能性が50％ぐらいはあるでしょう。

施政者はマクロの視点を欠かしてはいけない

まず金利上昇です。

物価を上昇させ、そのうえ金利を低いままでおさえるなどは経済の「いろは」を学んだら絶対にありえないことが分かります。

これで債券投資家が困るのです。

安倍・黒田さんとしては、いままでの逆の、絶対にしたくない金融引き締めをやらざるをえなくなります。そうしないと国がつぶれるからです。

どうしてこんなことが分からないのかフシギでなりません。

ともかく、この2人によって「行きはよいよい」が「帰ることができない」ところまで、すでに日本を追いこんだというのが、朝倉さんの意見です。

このままいくと、やがてインフレしか日本にはたどる道がありません。それもハイパーインフレです。

それはまた日本人を苦しめ、日本国家を破綻に追い込み、彼ら2人をさらに苦しめます。

そうならないことを祈りながらいま、この原稿を書いています。

黒田さんは個人的には知りませんが、安倍さんはすなおな良い人、いろいろな関係でよく知っています。早く気づいてほしいと心から思っています。

ところでアメリカのバーナンキFRB議長（当時）がG7を欠席しました。

そしてシカゴで講演をしていました。

彼は欧米の影の金融システムと日本のムチャクチャなやり方を上手に講演中で注意したようです。

特に日米欧での株高、さらに金利高、大手金融機関の破綻が気になって仕方ないようでしたが、バーナンキ氏の言が私にはまともにきこえます。

多分アメリカは、いままで続けて来た無制限の金融緩和を近々に止めるのではないかと思われます。バーナンキ演説の私の読み方です。

それ以外に、円安をいまのまま放っておきますと、近くの国では韓国、中国経済がひどく追い込まれることが想定できます。これは恨まれますよ。

施政者は少しマクロにものを見る必要があるでしょう。

いまのところ、それらの責任の大半は日本側にあるように私には思えるのです。

円安を喜び、トヨタの高利益を喜び、一流企業（?）の好決算を喜ぶのが、いかにミクロな視点か、彼らには充分に心がけてほしいものです。

ギリシャの失業率が30％近いことや、米国デトロイトでは賃金不払いが常態化していることなども、その理由を知っておくべきでしょう。

3・11が日本人の価値観を大きく変えた

安倍さんとともに気になる人で、独立系（?）の人に橋下徹大阪市長がいます。

従軍慰安婦の問題（必要性）を話したりしていますが、どうして、もう自分が過去の人間になってしまったことに彼は気づかないのでしょうか。フシギで仕方ありません。

日本維新の会……など、すでに過去のものだと私は思えて仕方がないのですが、性格的に目立ちたがり屋であり、それを取りあげるマスコミにもあきれます。

ところでいま、TVを見てごらんなさい。

いかにつまらない番組が多いか……。これを私は最近は身に沁みて感じているのですが（病気がちでよく見ていますので）、どうしてまともな知的な番組が、いまのTV人はつくれないのでしょうか？

スポーツ、遊び、笑い……すべて決して悪いものではありません。

しかし、スポーツ選手、芸能人、それに教授とか准教授などの学者（？）が登場しすぎで、ロクでもないことに時間をつぶしているのを見ますと、「神さま？」は少し心配するか、あきれられているのではないでしょうか？

私はあきれています。おかげで教授の肩書きや値打ちなど、いまほど落ちたことはないでしょう。

日本人は3・11以来、価値観が大きく変わりました。

大衆は心底では、まじめにすなおに働くことを求めています。

建設的なことがしたいのです。

ムダや遊びはできるだけ減らしたい……と思うようになったもようです。

それに気づかずにいるのは、マスメディアの人や政治家、そして大多数の官僚だけではないでしょうか？

いままではゲームでも遊びでもよかったのです。自分だけよければよかったというのが日本人でした。

だから安倍・黒田・橋下さんなどが目立ったのですが、時代はすでに底流で大きく変わったのです。

どうせ日本は表面的には総入れ替えになります。数年ぐらいの間に替わるでしょう。というのは、実質的にすでに底流で入れ替えが終わっているからです。

ものごとは見せかけであれ、極端まで行きますと、逆に正常にもどります。

多分、インフレ指向、増税指向はうまくいかないでしょうし、金融市場も円安、為替高、金利高、それに商品市況の低下が日本だけでなく、日米欧、そして発展途上国を含め、個々人にそれなりの影響をすでに実情では与えていることを2～3歩先に立ってマクロに見て、日々の生き方を判断してください。

日本人を見て感じる大きな可能性

日本は普通の国ではありません。アジアの中心になってアジアをまとめ、アジアだけでなく、欧米によい意味でのモデルを示し、「なるほど」と思ってもらい、そして世界に範を示すべき役割があります。

いまこそ、このことを多くの日本人に気づいてほしいのです。

ＦＭＣは非公開のようなものですから、きょうは少し書きすぎたかもしれません。が、本音です。

マスメディアも半分以上は正しいこと、よいことを教えてくれます。しかしウソも教えます。日本人として上手にマクロにみて、何がよりマクロに大事なのかを知って対処しようではないかと思います。ただし謙虚にスマートにです。

というのは、日本人にはそういう特性があるようだと過去40年の経験で私には思えて仕方がないからなのです。

なお、この文は無資格、無賞罰を40年以上もつづけて来た私の本音です。これがもっとも世の中がよく分かるのです。

ぜひ私の言いたいことを上手にお取りください。

ではまた来月書きます。よろしく。

【2013年5月16日配信】

いま読み返してみると、私にしては少し過激な表現が多かったかな……とも思いますが、タイトルが「これが本音です」ということで、そのあたりはお許し願いたいと思います。

私は無資格、無賞罰の人間で、もちろん政界には何のしがらみもありません。年を経ると受勲を願うようになって、その筋へ盛んに運動を始める人がいるようですが、そうなったら「終わり」だと思うのです。好んで自分の幅を狭めているようなもので、こうなったらもう「時流を読む」どころの話ではなくなります。

最後の最後まで、冷静な思考を保っていたい、というのが私の本音です。

日本で初めて経営コンサルティング会社を株式上場する

さて、では主題の「船井流経営コンサルティング法」（2013年8月1日、9月5日、10月3日配信）に入りましょう。

第2章で紹介する森垣武彦さん、矢山利彦さんの原稿が「経営の実際」としたら、こちらは

「経営のエッセンス」です。私はシンプルかつ易しい表現を旨としていますので、一見するとそれらの原稿とは無関係に思えるかもしれませんが、そんなことはありません。

森垣さんや矢山さんの原稿の内容は特に、船井流経営そのものなのです。

時に御二方の原稿から本章にもどって、この事例はこれ、あの考え方はこれだったんだな、と突き合わせてみるのも一興かもしれません。物事から本質を抜き出したものをエッセンスと呼ぶとすれば、実は矢山さんが書いてくれているのですが、「真理は単純明快なもの」ですから、それは必然的に易しい表現にまとめられるもののはずです。

というわけで、肩の力を抜いて気楽にお読みください。私も楽しんで書きます。

【船井流経営コンサルティング法Ⅰ・最重要ポイントは包み込み発想にあり】

昭和32（1957）年ごろから「企業安全コンサルティング」をやり始め、昭和35年ごろから「宣伝・販売＝マーケティングコンサル」を追加、さらに昭和39年ごろから本格的な経営コンサルティングをはじめたのが私です。

そして昭和44年10月に個人で「フナイ経営研究所」をつくり、翌年の昭和45年3月6日に、これを株式会社化し、㈱日本マーケティングセンターとして出発しました。

この会社が社名を変更し、現在の㈱船井総合研究所（以下、船井総研と略称）となったのです。

船井総研は、10年前ころより東証、大証の一部上場会社となり、いま株価は額面50円株が700円以上にもなりました。近々1000円になるのではと期待されています。配当も1株当たりで26～27円になりました。

なお、私の本名は「〝舩〟井幸雄」なのになぜ、著作に「〝船〟井幸雄」が多く使われていたり、私のつくった会社名が「(株)〝船井〟本社」「(株)〝船井〟総合研究所」になっているのかといいますと、平成10（1998）年まで、私自身が本名を「〝船井〟幸雄」だと思っていたからです。それ以前は「船井」しか使っていませんでした。

この年、生まれてはじめて、三井銀行より多額の借入金（約2億円強）をしました。その折、戸籍抄本を見た銀行員から指摘されるまで、生まれてから公的にもすべて「〝船井〟幸雄」で通してきたし、これで通用していたからです。このようにのんびりしているのが日本のよさですね。

「〝舩井〟幸雄」が本名だと知ってからは、大事なサインや公式の時には「〝舩井〟幸雄」を使うようになりましたが、もともとあまり、こんなことにこだわらない性格ゆえか、気楽にその後も両方の併用ができました。
ただ、気がつくと最近は徐々に「船井」に私も家族も変えつつあります。

コンサルティングに100%失敗しないコツ

ところで、きょうから「私＝船井幸雄の経営コンサルティング法」の最重要ポイントをFMCに連載しようと思います。

400余冊出ている著書に、船井流経営コンサルティング法を体系的にまとめて書いたものは1冊もありません。

それだけでなく昭和42（1967）年からは、計約1万社のクライアントに数万件のアドバイスをしてきましたが、失敗は皆無と言っていいのです。ということは、100%近い成功率でコンサルティングができたことになります。

このことは私と親しい人や私と付き合った会社は、ほとんどが知っていますから堂々と言えますが、これには「コツ」というか「重要ポイント」があるのです。

とりあえず、どこかには書いておきたいと考えていたのですが、このFMCこそ最高の場、今回から「重要ポイントやコツ」を毎回数千字前後ぐらいで書いていきたいと思っています。

ただFMCの読者は御存知と思いますが、私は現在、かなり重い病気中です。時には書けなくなることがあるかも知れませんが、その時は私の発信する毎月第一木曜日は息子（船井勝仁（株）船井本社社長）に代わりに、彼の好きなことを書いてもらいますので、御了承ください。

ところで、きょうは「船井流経営法」を綴る第1回目なので、特に最重要ポイントだけ述べようと思います。

経営者としては時々実験をして失敗（?）しましたが、経営コンサルタントとしての私は「絶対成功すると、現実的に自信のあること」で、かつ、それを実践してくれるクライアントが「船井先生のアドバイスは絶対に成功するだろう」と理解し、納得してくれるところとしか、やってこなかったのです。

分かりやすく言いますと、いまの安倍晋三首相の行動のまったく逆のことしかアドバイスしたり、第3者に言ってこなかったのです。

そういう意味では、外交政策などはともかく経済政策については、私は経営者としても首相としても、安倍さんをあまり信用していません。できるかどうか分からないと思える思いつきのことを平気でいい、平気で実践する人で、首相は日本の経営者と言ってもいいわけですから、大失敗して日本や日本国民に損失を与える可能性が高いし、自らも失脚する確率の高い人だと思うからです。

これは私だけでなく、安倍さんのことを心配している人は私の知人に何十人もいます。

たとえば増田悦佐さん（経済アナリスト）です。増田さんの発信文「２０１４年　世界３大バブルの同時崩壊に備えよ」（２０１３年6月20日配信）は、次のように書き始められています。

世界は今、３大経済圏それぞれで膨らみきったバブルが、いつ破裂してもおかしくない状況にある。世界の３大経済圏とはもちろん、アメリカ、中国、日本のことだ。

図体だけから言えば、アメリカより大きいユーロ圏はもう、加盟諸国がドイツの稼いだ富をいかにむしり取るかという「たかりの構造」になり果てていて、一体感のある経済圏をなしていない。また、ギリシャ、イタリア、スペイン、フランスといった国々が、ドイツと同じ金利で国債を発行できるという国債バブルは、とうの昔に破裂している。

そこで、問題はアメリカ、中国、日本のまだ弾けていないバブルに絞られてくる。

この３ヵ国について、どういうバブルがなぜ発生し、どこまで膨らんでいるのか、そして破裂するとすれば、どんなきっかけが考えられるのか。

日本の個人家計は神のごとき先見性を持っている

増田さんは、アメリカのバブルを「個人退職者年金バブル」、中国のバブルを「資源浪費バブル」と呼び、その綿密な分析によって「早晩、崩壊せざるをえない」と断言します。日本のバブルは「アベノミクスバブル」です。ここでは、日本のアベノミクスバブルについて記述された部分を、抜粋して紹介しましょう。こちらも同じく「崩壊せざるをえない」との結論なのですが、アメリカや中国に較べたら安心というか、日本国民の賢さが浮き彫りになってくるという、興味深い結末が記されています。

本章の冒頭に記した私や朝倉さんの見解と、多少の重複があるとは思いますが、読んで得する原稿であることは間違いありません。

【世界3大バブルの同時崩壊に備えよ】

日本でバブルが起きているかどうかは、単純明快な判定法がある。

金融資産や不動産の価格が上がっているとき、個人が売っていたらバブル、個人が買っていれば健全な値上がりだ。日本の個人家計は、神のごとき先見性を持っている。

つねにバブルがまだ膨張しているうちから売って、高値で売り抜けて得をしている。バブルが膨らみきってしまってからも買いつづける国内や海外の機関投資家より、はるかに売り買いのタイミングがいい。その点は、図表1のグラフで明瞭に読み取ることができる。

日本の個人家計が持っている金融資産総額を棒グラフで、そのうちで株に投資している分を折れ線グラフで示したものだ。なんと言っても特筆すべきは、1989年末の不動産バブル崩壊前後の日本の個人投資家の水際立った動きだろう。金融資産に占める株の比率は、1988年に約11・4%でピークを打って、その後1997年まで下げつづける。

このときだけなら、偶然ということもあり得ただろう。だが、その後も日本の個人世帯は、1999年には株の比率を急上昇させるが、ハイテクバブルが花開いていた2000年にはすでに縮小に転じていた。次のサブプライムローンバブルとの関連では、2005年まで株の比率を高めるが、2006年にはもう下げはじめていた。

そして、2007~08年とアグレッシブに株の比率を下げつづけて、リーマン・ショックが起きたころには、すでに日本の個人金融資産に占める株の比率は、史上最低水準まで下げていた。

じつは、日本の個人投資家は、過去約20年間ほとんど毎年株は売り越していた。

図表1　日本の個人家計金融資産総額とそのうちの株式比率 1979～2012年

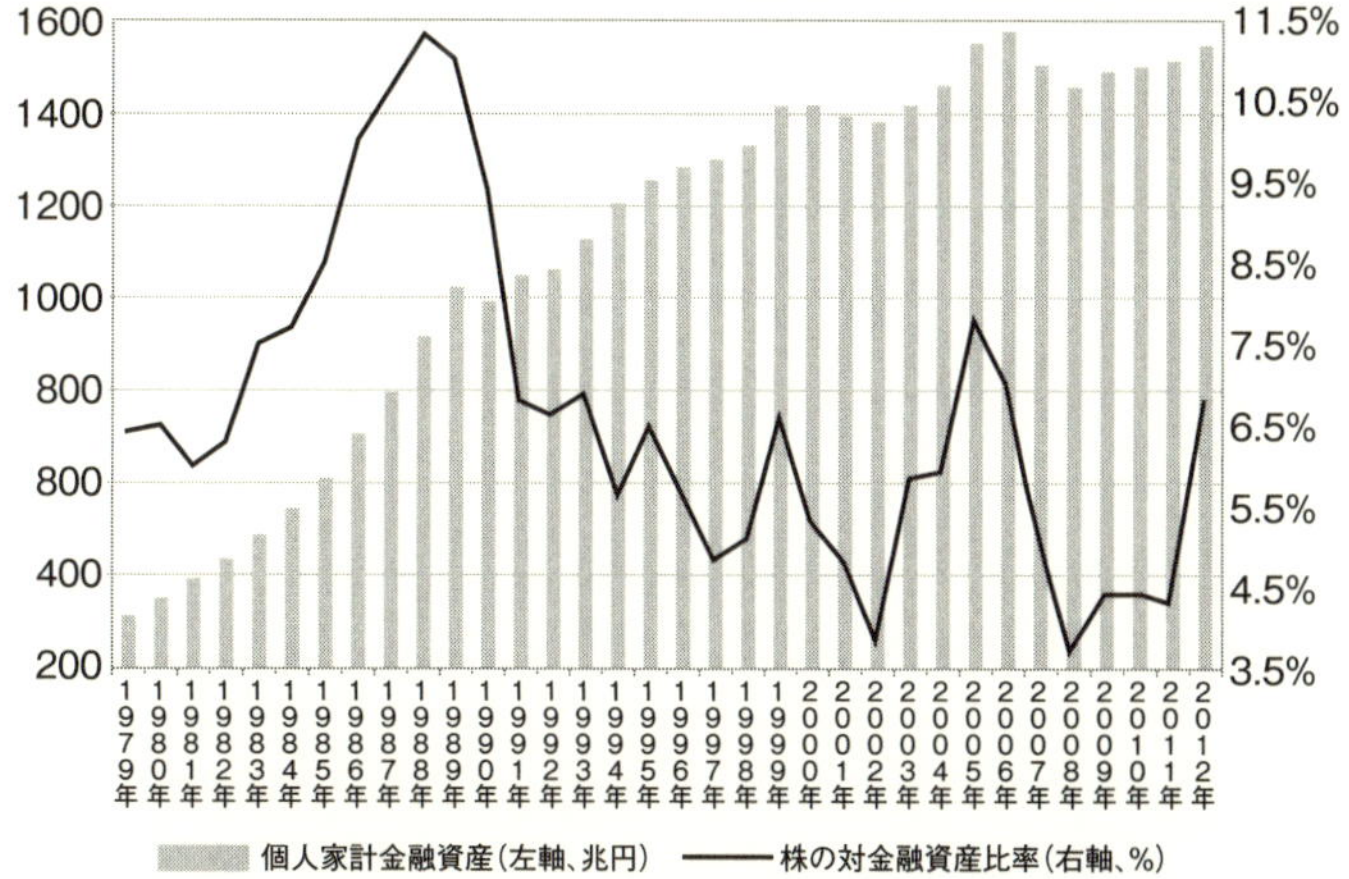

（出所：日銀資金循環統計「金融資産負債残高表」、内閣府経済社会総合研究所『国民経済計算年報』より作成）

それなのに金融資産に占める株の比率が上がることもあったのは、個人投資家が売りを抑制しているような年は、ほぼ例外なく株価全体として上昇し、持ちつづけていた株にキャピタルゲインが付くので、金融資産全体に占める比率も上がっていたからなのだ。

図表2の投資主体別株の売買動向と株式市場時価総額の推移が、そのへんの事情を明らかにしている。

このグラフを図表1のグラフと合わせてみると、1997～98年と売りを絞りこんでいたので、1999年に株価が上がると株の対金融資産比率も急上昇したことが分かる。

また、2001～02年に売りを抑制していたので、2003～07年に株価が上がると、株の対金融資産比率も上がったわけだ。ただ、

図表
2
投資主体別株式売買動向と株式市場時価総額
1990～2012年

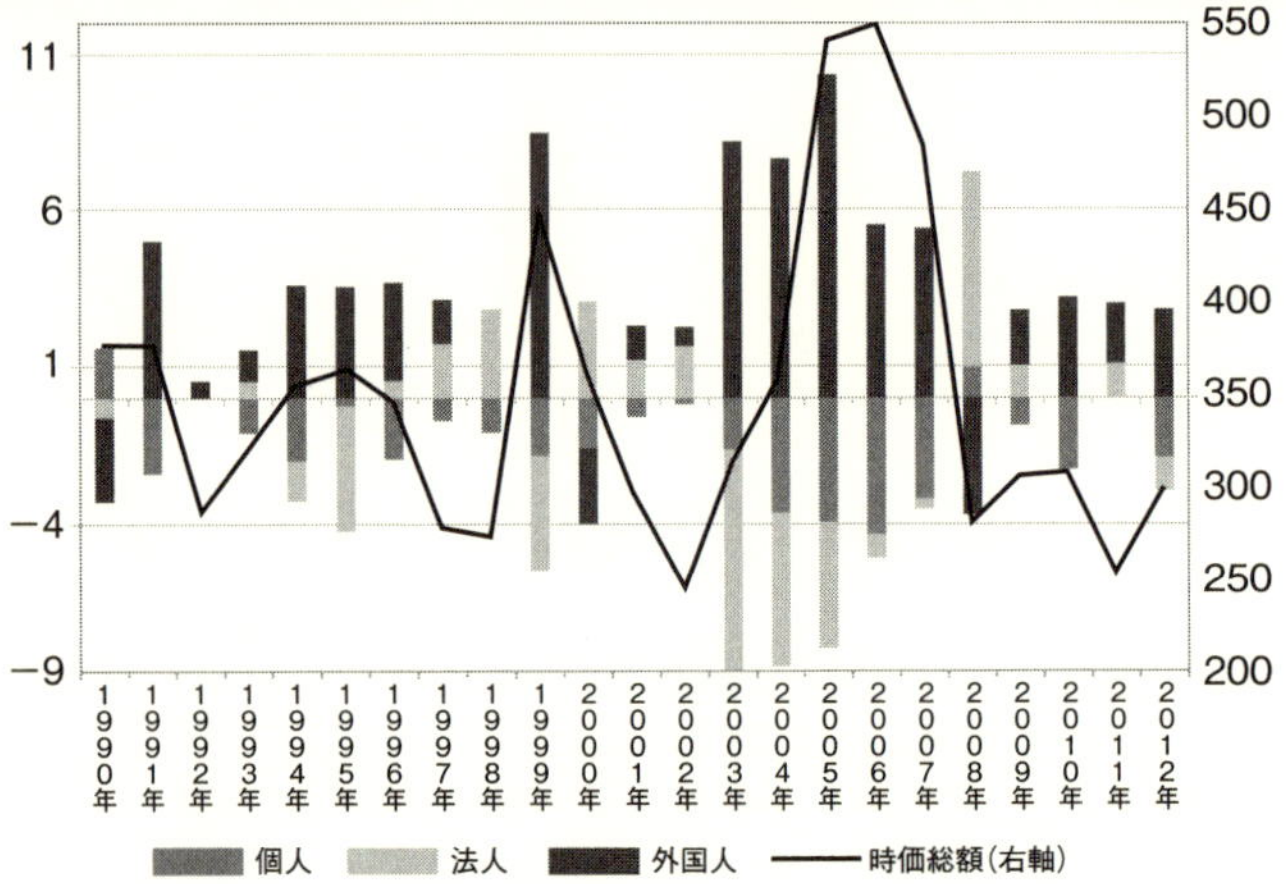

（出所：東京証券取引所ホームページ、トレーダーズ・ウェブ株式情報より作成）

このときは2004年からすでに株の売りを拡大していたので、株の対金融資産比率は2005年のうちにピークアウトしてしまったが。

今回もまったく同じだ。

2011年の東日本大震災とタイの大洪水で、経済「評論家」が日本経済について総悲観になっていたころから売りを抑制しはじめて、2011年には、非常に珍しくネットで売り買いがちょうど同額だった。そのため、2012年末の時点では、金融資産に占める株の比率が6％台後半と、2006年以来の高水準になっていた。

アベノミクスは基本発想からして間違っている

それだけではない。2012年夏あたりから、まるでアベノミクスに関するから騒ぎが結局は何ひとつ実体経済に好影響を与えることはないと分かっていたように、日本の個人投資家は敢然とガイジン買いに対して売り向かった。

日本の個人投資家は日本株について、2012年3～7月には、非常に強気だった。通常は売り越し額が小さくなるだけで強気なのに、この期間は買い越しになった月が多いからだ。

だが、同年8～11月は政治情勢が不透明化したこともあって、やや強気という程度にスタンスを変えていた。そして、第二次安倍内閣が成立した同年12月は弱気に転じたのだが、2013年に入って最初の3ヵ月間は、また強気、つまり抑制気味の売りスタンスに戻った。まあ、「うまくやれるかどうか、安倍政権にもチャンスをやろう」ということだったのだろう。

ところが、株価が大暴落に転じた5月を待たず、4月には個人投資家は大幅な売り越しに転じていた。1ヵ月で1兆6800億円の売り越しだ。2012年1年間の売り越し額1兆9000億円とほとんど変わらないほどの金額を、たった1ヵ月で売りきってしまったのだ。

今回の大暴落で日本の個人投資家はほとんど打撃を受けていないが、去年の11月以来、大幅な買い越しを続けてきたガイジン投資家は、かなりやられているはずだとお分かりいただけるだろう。

アベノミクス人気はから騒ぎだけで、何ひとつ実体経済に好影響を与えていない。

「異次元の金融緩和」がまったくの失敗だったことは、政権担当者が「何がなんでもインフレを引き起こす」と主張しているにもかかわらず、安倍政権の柱である「年率2％のインフレを必達の目標とする」件はまったく進捗していないことで分かる。

今年の1月末から、期待インフレ率だけは順調に上昇し、大暴落直前の5月中旬には、めでたくあと一息で2・0％というところまでこぎつけていた。

「実際にどの程度のインフレが起きるかは、人々が抱いているインフレに関する期待に依存する」という主張が正しければ、順風満帆というところだ。

ただ、これはあくまでも「インフレ率を高めること自体が、現在の日本経済にとって正しい政策だ」という前提のもとでの話だ。

どうせ企業利益率も上がらないし、賃金は抑制されたままでインフレが起きてしまったら、日本国民の大部分が苦しい思いをする。現政権にとっての「順風満帆」は、国民にしてみれば大きな渦潮に巻きこまれて沈没する航路に向かってまっしぐらの、（自殺行為に似た）順風満帆なのだ。

インフレは日本経済をむしばむだけで、何ひとつ良いことはない

幸い、合理的期待形成派の経済学者が唱える見かけ倒しの立派な理論に反して、現実の日本経済で上がっているのは期待インフレ率だけだ。実際には、GDPデフレーターも消費者物価も、デフレの度合いを強めている。

まず、GDPデフレーターベースのデフレ率は、安倍政権発足以来拡大している。GDPデフレーターは、消費者物価や生産者物価より広く、日本国内で生産されるあらゆるモノやサービスの価格を反映している。

このベースで見たデフレ率が上昇しているということは、まちがいなく「異次元の金融緩和」の失敗を示している。そして、消費者物価に眼を転ずると、皮肉なことに野田政権末期に一時横ばいまで上がっていたものが、安倍内閣ではどんどん下がりつづけている。

最大の理由は、あれだけのジャブジャブの金融緩和をしても、個人も民間企業も、わざわざカネを借りてまで買いたいものも、投資したいプロジェクトもないから、カネは銀行の手元で利子さえ生まない余剰資金として滞留しているだけになっていることだ。

銀行で滞留している余剰資金も、安倍内閣が発足してから一段と増加する傾向にある。

金融を緩和することはできても、あふれ出るカネを実際に使いたがる人間や企業がいなければ、インフレになるはずがない。資金の回転が遅くなり、貨幣の流通速度という、世界中でだれひとりとして統制する手段を持っていない指標がどんどん小さくなることで、なんの政策効果もなく、銀行の手元流動性のままで放置されるのだ。

現在の日本経済でも、ジャブジャブの金融緩和が、そのまま銀行業界や大手企業の手元流動性として堆積している。

一方、今年に入ってから、外需が日本経済の成長率上昇にはプラスの影響を与えはじめている。

だが、この貢献は、今までは諸外国の通貨に対して高く評価されていた日本円が低く評価されるようになったので、外貨では同じ金額を稼いでいるだけでも円で数えると増えているという、為替レートの「換算」益でしかない。

しかも、去年の春に比べて、今年の春は円の対米ドルレートが約25%下がっていた。だから、この換算益は、たとえ輸出数量が横ばいだったとしても、25%は出ていなければならないはずだ。ところが、現実には円ベースの輸出総額は、前年同期比で2~3%上がっているだけだ。

つまり、輸出数量は激減している。円安にすれば、輸出数量が伸びるはずだったのに、横ばいさえ保てず減少しつづけているのだ。

というわけで、日本経済は円安の「メリット」なるものをまったく享受できていない。だが、原材料高という円安のデメリットは着実に企業収益や、国民の生活をむしばみはじめている。

「あくまで実体経済重視」の国民の考えが正しい

２０１３年５月21日付日本経済新聞のアンケート調査に回答した企業の56％は、原材料の値上がり幅は10％未満にとどまると言っている。

だが、13％は、10％台の値上がりを経験しているし、４％は20％台の値上がりに苦しんでいる。27％が無回答となっていて、ここには値上がりしなかったとか、値下がりしたとかの企業もふくむのだろうが、値上がり率が30％以上の企業も入っているはずだ。

しかも、これだけの企業が原材料費の値上がりに直面しているというのに、はっきり「値上げをする」と答えている企業は18％だけ、品質を落としたり、量を減らしたりして「実質値上げをする」と答えた企業もふくめて22％にすぎない。一方、回答企業の56％が、価格を「据え置く」と答えているのだ。

企業は、今の日本経済が値上げのできる環境ではないことをよく知っている。

輸入原材料先導型のインフレは、国民にとって何ひとつメリットのないインフレだ。ところが、日本の首相や財務大臣や経済財政担当大臣といったお歴々の共通認識は「インフレで当然利益率が上がるだろうから、少し勤労者の賃金にもおすそ分けをしてやってくれ」というのでは、あまりにも経済実態への認識が甘すぎる。

現在の日本経済でデフレをインフレにしても、上に紹介した原材料を輸入している企業の苦悩を、日本中に押し広げるだけだ。

今年5月下旬以降の日本株の動向を見ると、どうやら日本国民も円安・インフレは百害あって一利なき状態だということを理解しはじめたようだ。

世界3大バブルのうちで最初に崩壊するのは、いちばん後から膨らみはじめたアベノミクスバブルかもしれない。しかし、それは国民生活を犠牲にした株価上昇分が吹き飛ぶだけで、実体経済にはほとんどマイナスの影響はないだろう。

しかも、日本の個人投資家は、もう日本株は高値で売り抜けて利益を確定している。むしろ、株価が下げたら、輸出産業偏重ではない、内需主体の回復を見越して買いに入るチャンスかもしれない。

だが、アメリカの個人退職年金バブルも、中国の資源浪費バブルも、それぞれ国民経済の成長の基盤になってしまっている。この2ヵ国では、バブル崩壊が国民経済そのものの悲惨な縮小を招く危険が大きい。
【2013年6月20日配信】

想像や思い付きでなく現実に沿った経営が大事

私や増田さんだけでなく、少し経営のことが分かる人なら安倍さんの政策やコトバには90%以上、危惧を抱いているはずです。それでいて、国民の支持率が60~70%などとマスコミは書きたてていますが、日本人はそんなにバカではなく、バカなのは安倍さんとマスコミのように思えて仕方がない……と、ここで私見をストレートに述べておきます。

すでに黒田日銀総裁人事と、その黒田さんのやったことは100%大失敗でしたし、ほとんどすべての人がデフレを望んでいるのに、政府はインフレが目標だなどと言ってやっているのは、「バカも休み休み言えよ」と言いたいくらいです。おそらくバカな学者やスタッフにだまされてその気になっているのでしょう。彼は、現実をまったく無視しています。というより知らないのだと思います。

ともかくコンサルタントや経営者は、現実を知るのがもっとも大事なのです。

成功のためには、現実にぴったり合うことしかやってはいけないのです。

想像や思いつきは、特に想念力の強い人でもやらないことです。

私は特に想念力が強く想像力もあります。それでも失敗が他人に影響を及ぼすといけませんから、そういうことをやる時は自分のリスクで、自分の会社でやりました。成功率は60～70％で、30～40％は失敗しました。

経営というのは「失敗してもよい」という準備をしてからでないと、失敗の可能性が10％しかないと思ってもやってはいけないものです。私の失敗談を少し述べましょう。

例えば、情報発信会社とベンチャーキャピタルを船井総研の子会社としてつくりました。そこそこの人材を、そこのトップあるいは従業員にしました。私の人脈などからみて失敗の確率は10～20％かと思っていましたが、両社とも見事に失敗し、ともに前者は数千万円、後者は何億円もの赤字を出してしまいました。

会社を小さくし、かろうじて名前だけは、いまも両社ともに残しています（編集部注／ベンチャーキャピタルは2013年に清算しました）。

この両社の名前をきくたびに、いい戒めになるからでもあります。いま両社はともに少し黒字ですが、事業家というか企業は、こういう税金も払えない事業をやってはいけません。

それに私は本物を見つけてきたり、それをPRすることが好きです。うまいほうです。

いろいろやりました。

その一つに「サーフセラ」という商品と会社があります。いままで見つけた中で最高の本物で、これを使うと1世帯当たり1ヵ月1000円くらいで、喰べるものがすべて本物になります。

カラダに悪い毒物などがみんな消え、しかもおいしくなります。これには数年間で10億円くらいも損をし、一時的にこの会社を整理する時は船井総研に私個人で負担できない費用を持ってもらいました。

それでも金銭的にいいますと、私の個人的損失は数億円に上りましたが、これは取り組む方式がまちがっていたのです。

いま「サーフセラ」は、「安心やさい」（http://www.surfcera.co.jp/）という名前の会社で細々と、しかし上手に経営していますが、これなど人を得たら、大儲けするだけでなく、世のため人のためにとんでもない恩恵をもたらす事業になると思っています。

自分でやりたいのですが、病人ゆえどうにもならず……というところです。

世界一の百貨店王誕生を阻んだ興銀の不明

つぎに、クライアントに納得し、自信を持ってもらった時しか奨めないというかアドバイスしなかった……ということの説明をしたいと思います。

船井流は「一番法」とか「包み込み法」とよく言われました。

私は日本の大手小売業のほとんどと付き合ってきたのですが、それは一番理解してくれて、納得し自信を持って実践してくれた人が、「そごう百貨店」の水島廣雄オーナーだったからです。

彼とは、私の京大農学部の同窓で、そごう神戸店長を永い間やり、そごう本社の社長もやった山田恭一さんが、水島さんに特に信頼されていたからでもあります。惜しくも山田さんは故人となりましたが、誠実で、「水島戦略、山田戦術」といわれた現場の分かるすぐれた実践家でした。

神戸で競合店の大丸とほぼ同面積ながら、約1・5倍の売り上げを毎年達成していたのは、「一番店＝包み込み法」のせいだと思います。私のアドバイスを納得してやってくれて、毎年、びっくりするような利益をあげていました。

それを知った水島オーナーは、黒崎、千葉、ららぽーと船橋、広島というように、日本国内だけでも、一番後につくった横浜店まで国内だけでも約30の地域一番（その商圏内で圧倒的に大きい）の売場面積を持つ百貨店をつくりあげて行きました。

主力銀行の興銀がちょっとしたことで融資を打ち切ったから会社がおかしくなったのです。さらに協力してくれていたなら、おそらく世界一の百貨店王になったと思います。

「一番店法＝包み込み法」というのは、競合店より大きな店をつくり、競合店にある商品は全部そろえ、包み込んで、競合店にない商品も店に置くことです。

これで客はまちがいなく、この方法をとった店へ来てくれます。何千店と実績があります。そごう神戸店のように、大丸と売場面積のほとんど変わらない店では、通路幅を少しせまくし、商品の陳列線を高めることなどで、「一番店ならびに包み込み法」を行なったのです。

このノウハウは、いまでも絶対のノウハウです。ユニクロやヤマダ電機などの専門店で繁盛している店は、扱い品については商圏内では一番品ぞろえをよくし、この「一番店包み込み法」をやっているのです。

少し考えれば当然のことですが、多くの経営者はまちがった常識にしばられ、これができなかっただけなのです。いまもできていません。

横浜そごうなどは、あれだけの巨艦店でありながら高島屋に売り上げ、利益などで及ばないのは、現経営陣が正しい戦略も戦術も理解していないからと言えそうです。

実践派の経営コンサルタントでないと役に立たない

このように考えますと、クライアントの納得、理解、実践力がいかに大事かが、よく分かりますね。

私は、そのようなところとしか付き合ってこなかったのです。世間の人は「船井流は力相応、地域（商圏内）一番店法だ」とうまく評してくれましたが、実績だけが物をいう企業世界では、理屈はカンタンなほうが理解しやすいのです。

しかもこの手法は、あらゆる業界、業態に通じます。

この手法を取れない人は、競合者のマネラレナイものを開発して、やはり「力相応商圏内一番」になるしか仕方がないのです。

私がいま残念なのは、私のような実践的経営コンサルタントが少なくなったこと、体系的に私がまとめて発表していないこと、マスコミ人は昔もいまも現場と実践がまったく分かってくれていないことと､真実を情報として伝えてくれないことなどです。加えて私自身、病気で「老兵は、ただだまって消え行くのみ」という状態と心境になりかかっていることも、残念でなりません。

もちろんこのＦＭＣで、きょうは「船井流経営法」の一端だけ、どうにか披露できましたが、いつまで、どこまで書けるかは神のみぞ知る……という気持でペンを走らせました。

早朝からここまで書いたら疲れました。これからＢＥＤへ横たわります。

そしてサムシング・グレートと話します。自問自答しているのかもしれませんね。

きょうはこの辺で、ペンをおきます。さいごに言いますと、世の中のことには船井流ではフシギはないようです。

世の中はなるようになるのですが、きちっと原因、結果の間には単純なルールがあるように思えます。

私が成功を続けてこられた……のも、それらを少し知ったからのようです。大したことではありません。

気楽に、しかしストレートに今後も書きますので、気楽にお読みください。

そして日々の読者のお仕事に活かしてください。お願いいたします。【２０１３年8月1日配信】

人生は人や物との付き合い方次第でどうにでも変わる

私はいま発信文などを、400字詰めの原稿用紙に縦書きで書いています。これがパソコンで打つよりも非常に気分が良いのです。不思議……、といっても船井流経営にフシギはないのですが、ここは原因など究明しないで不思議のままにしておくことにします。

いつも朝の5時には起きて仕事をするのですが、机に向かって1回目の発信文にペンを走らせるのにも、3時間ほどで疲れてしまったようです。

これはトシというよりも、病気のせいでしょう。頭のほうはいたって正常、というよりもむしろ明晰さが増した手ごたえさえありますので、かつてのように半日でも一日でも書き続けられないのが残念でなりません。サムシング・グレートは、私に体力の衰えを強いた代わりに、少しばかり頭の冴えを与えてくれたのかな、とも考えています。

では、2回目の発信文をお読みください。

【船井流コンサルティング法Ⅱ・すべてのものを好きになれば必ず成功する】

8月1日の私のFMCの発信文は、数万件の実例がありながら、失敗皆無と言っていい「船

井流　経営コンサルティング法」のコツというかポイントを書きました。

こういうことはいままでに、どこにも発表したことはありませんので、私も10回くらいの回数に分けて体系的に分かりやすく実例も載せようと思っていました。

しかし自分の体力からみて、2〜3回はまだしも、10回はむつかしいと思いはじめたので、今回はいつ終ってしまってもいいように、大事なことからまとめて順番に発表していきたいと考えています。


やはり第一の成功のコツは、前回のＦＭＣに書いたように、「絶対実現すると自信のあること」と「クライアントが私の言を理解し納得してくれ、自信をもって、大丈夫できる、と信じて実践してくれること」以外は、アドバイスしないことだと思います。

つまり、私とクライアントの一体化が大きなポイントでした。

それを受けてきょう書きたいことは、私は「好感のもてる人や物としか付き合ってこなかった」のです。そのことによって幅がせまくなるといけないので、「包み込みのコツ」をおぼえること……の二つなのです。

きょうはこの二つにしぼって書く予定です。

人間には感情があります。好き嫌いがあります。

たとえば私は安倍晋三さんは、政治家として好きではありません。小沢一郎さんも好きではない。もちろん両氏ともに、人間個人としては別のことです。

私とよく気のあう副島隆彦さんや植草一秀さん（経済評論家）は、人としても評論家としても大好きで、だから副島さんのいう「アホノリスク」や植草さんの「アベノリスク」には同感したくなります。

多分、私もそのように考えているところが多いからでしょう。

こういう場合、安倍さんや小沢さんのような人には仕事上のコンサルティングをしてきませんでした。

もし頼まれれば、そして体力が許せば、副島さんや植草さんにはコンサルタントとして付き合うでしょう。

私は原則的には爬虫類《はちゅう》は好きではありません。鳥類はおおむね好きですが、カラスだけは、どうも余り好きではありません。特に東京に住んでいるハシブトガラスは大嫌いです。

というように、好き嫌いは感情のある人間にとりまして、どうにもならないことですね。自分の例でそのように思います。

良い環境づくりは良い人間づくりでもある

この好き嫌いのポイントに「相」があります。「人相」も相です。形ですね。

どうして赤ん坊の99％以上は「相」がよくてかわいいのだろうか……などということです。

子供はおおむね「相」がいいのですが、大人になると急速に「相」は変わっていきますね。

ヤクザにはヤクザの「相」があり、刑事には刑事の「相」があります。

善人には善人の相、悪人には悪人の相が出てきます。答えは、B＝f（E・P）だなと、昔のことですが、この「行動＝環境と人間性によって決まる」という心理学の公式に感心したものです。

〈※注　B＝Behavior〈行動〉　f＝function〈関数＝関係〉　E＝Environment〈環境〉　P＝Personality〈個性＝人間性〉〉

考えてみれば、80年という永い人生、いろんなことを知りました。

しかしもっとも大事なのは、どうやら自分の感情らしいということが分かってきました。なかなか変えられないからです。

そこで、なるべく多くの人や物（動植物も含む）を好きになってやろうと、どんなものも長所だけ、よいところだけをみて、好きになれるよう、それらを「包み込み、好きになれるよう」くせづけをしたのです。

ある程度は成功しましたが、さいごはやはり感情にひっかかってしまいます。これはおもしろいものですね。

ただ私のレベルで90数%は悪感情を持たないで、いまのところ人や物に接することができるようになりました。

これで、私のコンサルティングができる幅がぐっとふえたことだけはいうまでもありません。経験上、「自分の付きあうものはすべて好きになり、生命がけでそれに惚れこむ」などというのは人間にとってはムリだと思います。

それに私はアマノジャクにできているのか、命令されたことをするのは大きらいなのです。「中食後、この薬をお服みください」と医師から言われると、抵抗感がでてきます。

ともかく、あまり素直な人間ではないようですね。

はっきり分かるのは自由と自治が大好きだということだけです。特に自由は何よりも好きですね。

自由を侵されると、どうしても素直になれないようです。

ところで、脱線はこの辺でやめ、きょうの本題に入りましょう。

有益な人、無益な人は直感で嗅ぎ分けるしかない

一つは「好感のもてる人間」ですが、これはルール化できます。

しかしそんなことをしても何ともなりませんね。時間がもったいないだけですね。「好ましい人だな」と思うか否かだけで、これも大半は感情の問題だからです。

温度や湿度のようにはなりません。

気温27℃以下で湿度70％以下なら、私には気分がよいのですが、このように人さまを測る便利な尺度はないようです。その他のものについても同様ですね。

カラスが嫌いなのは、あの鳴き声と形（「相」）によるのだと思うのですが、これも決め手にはなりません。

じゃあ何が決め手かと言いますと、「直感的（？）な思い」とでもいうよりないと言えそうです。

したがいまして、ともかく気に入らない職業や人や物、あるいはすべての存在とはコンサルタントとして付き合わないほうがいいと思っています。

何か引っかかるものがあれば、さっさとやめてしまうか、はじめから相手にしないのがよさそうです。

ところで、きょうは先ほどから學士會会報の2013年7月号（№901 2013 Ⅸ号）を読んでいました。

学士会というのは、旧七帝大の卒業生が会員になれるいやらしい会です。私は会員資格があるので会員なのですが、会員に送ってくる學士會会報の記事に、すばらしいものが多いのです。主として学士会の会員が書いているのですが、はっきりいっていまの日本のリーダーたちの考え方、動きなども教えられます。

このような特権的な会や組織を、あまり好かないのですが、一般には非公開のもの（このFMCと同じです）でも、参考にしている間に、學士會会報は好きになりました。

忙しくて時間がないのですが、同誌の主な記事はほとんど読んでいます。

このように考えてみますと、好き嫌いは自分の個人的な都合が非常に大きいものだと思います。

さらに私はワープロやパソコンの類いが好きではないのです。

とはいえ、いまの私にとりましてパソコンは必要不可欠のもの、いつのまにか毎日30分くらいはパソコンの前に座るようになりました。

必要なら好き嫌いなど言っていられないことが、よく分かります。

テレビも余り見ません。1日に多くとも1時間も見ていないでしょう。

それでも必要な情報は入ってきます。

急がないのはメール、手紙などで、急ぎではFAXで毎日多くとびこんで来ます。

本物研究所の佐野浩一社長が毎朝7時半出勤していることも知っています。

船井流「包み込み法」と「長所伸展法」の関係

以上のような生き方をしている間にふと気がつきました。

もっと幅広く、好き嫌いの中の「好きなもの、好きな幅」を増やせばいいんじゃないのか、と。

そこで、どんな物（動植物や人間を含みます）にも長所や好きなところがあるので、それをできるだけ見て、嫌いなもの、短所などは見ないことにしてみようと決心したのです。

いわゆる「船井流包み込み法」です。

はじめは、むつかしかったのですが、半年、1年とつづけている間にこれが思わない効果を発揮しました。

それまでの好き嫌いが50％、50％から、好きが80～90％、嫌いが10～20％になってきたのです。

いまの私は、私の周辺に来るものの80～90％と、気分的には楽しんで付き合っています。

これで、私のコンサルティング法は大体完成したようなものです。

というのは、たいていのものと付き合えるように幅が広くなったからです。

先日、私の知人のところへ本物研の社員がスカウトされたのですが、2人ともバカだなと思うだけになり、カッカしなくなりました。


さて、この辺で視点を少し変えたいと思います。


私の友人で、物識りで有名な船瀬俊介さん（ジャーナリスト）は、東京スカイツリーのせいで東京下町が危ないと言っています。白血病が多発する可能性が強いというのです。

これはスカイツリーの発するマイクロ波のせいだと彼は言っています。

放送タワーからの出力が大きくなるほど、それを浴びる人にガン、白血病や頭痛、不眠などの健康障害がおきるというのです。

だからスカイツリーの周辺の人々は危険だそうです。特に半径５００ｍ内は要注意ということです。

しかし、ついでに大手新聞もテレビも一切、そういうことを報じないだろうと念押ししています。

朝日新聞とテレビ朝日、毎日とＴＢＳ、産経とフジテレビ、読売と日本テレビというように、日本では新聞社とテレビ局が一体となっています。

だから新聞には書けないし、テレビでは一言も言えないというのです。

こういうテレビ局と新聞が組むことは欧米では独占禁止法によって禁止されているのです。

日本はすべての大手メディアが行なっているからというのがその理由でしたが、船瀬さんの発言は正しいでしょう。

嫌いなものと付き合わなければ必ず成功する

もう一つ、余計なことを書きましょう。

予測は一般に他言するべきではない……というのが常識です。

当たって当たり前、大体50％は外れますから、2～3回も予測を公けにするとたいてい信用は失墜してしまうからです。しかし予測はよく読まれます。

それでか私の友人のお金儲け評論家は、週に2～3回は予測記事をＦＡＸで多くの知人にばらまいています。

ちょうど私の手もとに7月8日に彼が出した「ここ一番！」という予測文があります。

彼は今度の参院選は、自民、公明が勝ち、「ねじれ」は解消できる……と言っています。

ついで8月末には、1ドルが101～102円の円安になる、しかし8月2週辺りから円は92～93円の円高になると、ここでは予測しています。

どうなるか楽しみですね。

このように正しい情報があり、予測があり、世の中が動いて行きますから、おもしろいものですね。

今年（2013年）の夏は猛暑です。熱中症にならないように水をこまめに飲めと言われています。

このような情報の中、上手に生きるため、必要なもの、好きなものなどとうまく付き合って行きましょう。

さいごに「相」＝「型」ですが、これは好みの問題ですね。

自分の好みはルール化できます。

しかしおおむね、そんなことをするのは時間がもったいないです。

いいな、いい「相」をしているなと思うものと、直感で付き合えばいいでしょう。

きょうこの記事を書いていて、どうでもいいことを文章にするむつかしさを痛感しました。

しかし私のコンサルティングが失敗しなかった理由だけは分かりました。

それは、「いやなもの、気になるもの」と付き合ってこなかったからのようです。

多分、人の生き方もそうでしょう。

「好きなもの」とだけ付き合うのは、年齢をとると物理的にむつかしくなります。

そこは、上手に妥協して生きていくしか仕方ないようです。

ともかく人生って、貴重なもの。上手に生きて行くのは大変ですが、できるだけ上手に生きましょう。

これで今回の原稿を終わります。ではまた来月もよろしく。


【2013年9月5日配信】

理論ではなく積み重ねた経験則が問題を解決する

私は、一見すると複雑怪奇に思えるような現象を、誰にも分かりやすく説明するのが好きで、また得意なようだ……と、ある時期から気づきました。

たとえば、あるクライアント先の企業が業績不振に陥って、何が原因か分からず悩んでいたとします。もとより、原因は必ずあるのです。そんな時は、その企業のトップと話をした上で、社員たちが働く現場を一回りさせていただきます。そして、その時に好印象をもったことを中心にチェックし、頭に焼きつけておくのです。

これで、だいたいの問題は解決できてしまいます。

というのは、すでに企業社会が生まれて100年以上経ちますので、起きる問題のすべては必ずどこかに事例があるものなのです。ただ、原因（抱えている問題）が分からないという時は、起きている問題が過去の事例とは違った形、様相で表われている場合があります。それを見抜き、真の問題はこれだ！　と指摘できれば、それで解決です。

本当の問題点が分かれば、解決策は過去の事例にいくつも記されています。

要は、水と氷を見て、これは同じものだと指摘できれば良いのです。初めて氷を見たアフリカやアラブの人たちには、水と氷が同じものだとは思えないでしょう。つまり、水が氷になっていたのが業績不振の原因なら、温めて氷を水に戻してやればいいし、逆なら冷やして水を氷にしてやれば、不振だった業績は復活します。

こうした問題解決策と同時に、現場視察で知った社員たちの長所を指摘し、ここを伸ばしてあげてください（長所伸展法）とアドバイスすれば、以後、だいたいあなたの固定客になってもらえるはずです。言葉を換えれば、起きている現象の本質を抽出してルール化することで、解決策を分かりやすく示してあげるという作業になります。

私が得意なのは、このルール化作業と、後は原稿を書くくらいのことでした。

【船井流経営コンサルティング法Ⅲ・人間性を高めれば船井流を駆使できる】

過去2回、1回目は8月1日に、2回目は9月5日に「船井流経営コンサルティング法の最重要ポイント」と題して書いてきました。

今回がその3回目で、一応これでもって完結しようと思います。

何十年も同じようなことをやっていますと経験上、どのようなことが起こりそうか分かります。

たとえば、私は月に1回くらい病院へ行き、私の主治医に診断兼病気の相談に行きます。この主治医は大学教授でもあり、去年1月から私の体調や病状について、全面的に委せました。お互いに気のあう人と言える関係でもあります。

彼は1回行くごとに、私のために1時間ほどの時間は、準備をして取ってくれているようです。

診断に20〜30分、相談に30〜40分ぐらいの割合だと思います。

しかし多い月は、月に2回、少ない月でも1回くらいの割で会っていますと、私はこの医師（医学博士）が診たいこと、聞きたいことが段々とはっきり分かってきました。

したがいまして、あらかじめ私のほうも前もって準備できます。

診断の時間は別にして、相談の時間が短縮し、お互いに要領がよくなりました。

このように、短い2年の付き合いでも分かるのですから「私の経営コンサルティング」のように何十年も経験してきますと、ほとんど仕事上で起こることが予測でき、前もってそれに対処できるものなのです。

そして多分これが船井流というか、私の経営コンサルティングが当初の10年くらいは別にして、以降、成功の連続で来られた最大の理由だと思うのです。

私には欠かせない情報収集ツールの一部を公開

私は最近、すばらしい本を読みました。ぜひ皆さま方にもお奨めしたいと思います。

それは元自衛隊陸将の福山隆さんと、同じく陸将補の池田整治さんの対談本『「親米派・親中派」の嘘』で、サブタイトルは「日本の真の独立を阻むものの正体」です。出版社はワニブックスで、2013年8月10日刊です。

実は池田整治さんと私は、個人的に数年前から親しく、この本も池田さんから送っていただいたもので、定価は本体1500円＋税となっています。

福山さんは1947年生まれ、池田さんは1955年生まれ、ともに防衛大の先輩、後輩です。お2人の御関係、この本で言いたかったことは、池田さんの書かれた同書の「はじめに」＝（まえがき）と、福山さんが書かれた同書の「おわりに」＝（あとがき）を読めば大枠はつかめます。

よろしければ書店でも、まず、ざっと目を通してみてください。あと同書を一読しますと、お2人の経歴、考え方、御関係なども分かりすぎるくらい分かります。

ところで、私の愛読月刊誌を、きょうは今年8月号を例にして2冊紹介しようと思います。

1冊は、針木康雄さんがやっていた『月刊　経営塾フォーラム』です。

他の1冊は、月刊誌『選択』です。

前誌は針木さんが急逝された後、中原秀樹さんによってファンをふやし続けていますが、薄い本（16ページ）とはいえ、全部が読みたい記事で埋まっています。ムダがまったくない月刊誌です。

8月号では松木康夫さんの〈「酷暑」の夏こそ健康作りの好機〉が、非常におもしろく、なるほどと思いました。

針木さんや松木さんなど、私とほぼ同年の人たちの記事に、私はやはり惹かれるもようです。

一方、『選択』の8月号では、目次だけでも参考になります。マスメディアに取りあげるには、少しつっこみすぎた第一線ジャーナリストの書いた記事が並んでおり、

（1）「金融後進国」韓国に迫る危機
（2）中国経済「大失速」の影響
（3）池田「Xデー後」の創価学会・公明
（4）投機筋が仕込む「日本叩き売り」
（5）トヨタ　VS　ホンダ全面戦争へ

(6) 本当に危ないのは「国産農作物」
(7)「ペテン師」だらけの東大医学部
(8) 世界のキーパーソン
(9) 国内人事情報
(10) 日本の科学アラカルト
……など、読みたい記事が山ほどあります。

船井流経営ノウハウはあらゆる方面に応用が利く

私にとりましては1日にパソコン約30分、テレビ約30分、新聞約30分ぐらいしか時間を取りませんので、やはり『選択』などは最高の情報誌だと言えましょう。

このように私のように、いま病気で家にいましても、新しい情報にはこと欠きませんので、まして第一線で経営コンサルティングをしていた時は何が起こるか、たいていのことはあらかじめ分かってしまっていました。それに対処すればいいわけですから、失敗しようがなかったのです。

たとえば私は大型（売り場面積3000平方メートル以上）の小売店に強かったのですが、いま商圏人口5万人のところの一番店が3000平方メートルとしましょうか？

近々必ず、5000平方メートルくらいの店が出そうだと予測できます。そこで1万平方メートルの店をつくれば一応安全なわけですから、1万平方メートルの店をつくれるような土地をあらかじめ手当しておくなどということです。

もう一例、例をあげましょう。私はいま熱海の西山の山中（といっても町）に住んでいますが、ここは夏涼しく、冬暖かいのです。

東京の最高温度が35℃ぐらいの時でも29℃ぐらいにしか上がりません。

そのことは連日のテレビの天気予報でも分かります。西隣の三島市は大体東京とあまり変わらない暑さになります。

これだけを知っていますと、同じ静岡県東部で、新幹線駅（1駅10分ぐらい）の時間と距離ですが、夏に弱い人は熱海に住めばいいわけです。

もちろん冬も熱海は三島市よりも暖かいので、住環境としては、私は三島より熱海が適しているように思うのです。

このようにマーケティング的にも経営コンサルティング的にも、長年のうちに何かあるから、また起こりそうだからどうすればよいか、少しの経験で予測できるのですから、失敗などはするはずがないわけです。

今年8月7日から10日余り猛暑の日が続きました。

熱海の西山でも、朝7時にはすでに28℃、東京では連日35℃くらいだったと思いますが、私は朝8時に自室のクーラーを25℃に設定して2時間ほど別の部屋でいろいろなことをしています。これで10時に部屋にもどると部屋の温度は26〜27℃に下がっており、後はそんなに苦労せずに自室で仕事ができました。

これも船井流マーケティングというか経営法の応用です。もちろん、そのためには経験と知識や情報が必要なのですが、病人で自室にいなければならない時間が多い時などには、上手に応用が効くものです。

それに人間は自分を尺度にものごとを考えますので、たえず自分の状態を客観的に把握するくせさえ付けておけばいいわけです。

8月の猛暑の折は、私は夏には弱い、特にいまは病気で体力が落ちていて、ムリをすれば生命さえ危ういという最悪の状態でした。

これらにつきましては、夫婦のように親しくとも、他人はなかなか完全には分かってくれないものです。自分のことは自分で的確に把握する以外に方法がありません。

いま世界でもっとも安定している国は日本である

ところでこの辺で、いつものように世界情勢などを私なりにどうつかんでいるかを報告しましょう。

【1】天候不順です。天災と言ってもよいような大雨や気候の激変が人々を苦しめています。人は「自然の子」ですが、自然に逆らっては生きていけません。

どうも自然が人間たちの営みなどに不満があるかのようにさえ見えます。気を付けたいものですね。

【2】アメリカの力の衰えは、段々はっきりして来つつあるようです。

国外では軍事力、政治力の衰え、国内ではFRBの動き、それに全面的な経済力の衰えがはっきりしてきて、サブプライム危機、リーマン・ショック直前の状況に似てきたように見えます。

やはり気になることです。

【3】EUはやはり、どうにもならないでしょう。ドイツとギリシャを同列にして進もうというところに根本的なムリがあります。矛盾は遅かれ早かれ、破れるもので、その時期が案外早いように思います。

【4】つぎは中国です。習近平主席はすばらしい指導者だと思います。
しかし人口が多すぎます。それに国民はあんがい自分勝手な人が多いようです。汚職、貧富の格差など、1人のすぐれた指導者だけでは、なかなかこの国をまとめて行くのは大変でしょう。財政、金融問題などもあり、いつ何が起きても仕方がないといえるでしょう。

【5】最近、力をつけてきたなぁ……と思うのはロシアとプーチン大統領です。アメリカに代わり、イラン、シリアなどでの動きを見ても、目を離せない国と大統領です。
今後、アメリカとの関係をどう上手に保っていくかが、ロシアの今後を決めていくでしょう。

【6】このように考えていきますと、あまり世界では目立ちませんが、やはり日本がもっとも安定しているように思います。

信用もあるでしょう。

ただアベノミクスは円が安くなり、物価が上がっただけで、多くの庶民にとっては何らプラスはありません。むしろマイナスばかりです。

これがほころび、近い将来に金融、消費税増などで破綻がいつきても仕方のない状況といえましょう。

とはいえ、私は他国よりも日本がもっとも良いように思います。

ただアメリカとの同盟関係、中韓などとの仲の悪さなど、解決するべき問題もありすぎますので、安心はできません。

特に株価や国債にポイントがありそうに思えます。

人は天命を待つ前に人事を尽くしておく必要がある

この辺でぽちぽちと、今回の結論に入ろうと思います。

いままで見てきたように、世界中が不安定、激動の時代です。いつ何が起こるかは分かりません。

こういう時は心配しても仕方ないと思うのです。

知識と情報と経験を総動員して対処策をたてねばなりません。

しかし、それはそれとして「すべては、必然、必要、ベスト」という自然の摂理を信じ、努力することはするとして、それ以上はサムシング・グレートに委せてしまうしか、仕方がないのではないでしょうか？

といって、「ノーテンキにのんびりしろ」というわけではありません。

努力して人智をしぼった後は、サムシング・グレートに委せてしまえるくらいの気持で生きましょう……というわけです。

私はいま体調を崩しています。

病身で一気にここまで書きあげました。ということで、この辺を結論として、常識的すぎた感もありますが、今回のＦＭＣの原稿を終わろうと思います。これで私の経営コンサルティング法のポイントもお分かりと思います。ではまた来月に。

【２０１３年10月３日配信】

私の病気は一進一退を繰り返しており、ここで紹介した３本の原稿を書いている時は、あまり良い体調ではなかったようです。熱い夏だったからでしょうか。私は正月生まれで、冬の寒さよりも夏の暑さに弱い体質なのだと思います。

ようやく夏が去って、こうして船井メールクラブのまとめを始めたのですが、いまは比較的、体調が好転してくれているようです。

本章は私の原点「経営」をテーマに書きました。

もちろん経営は私の生涯のテーマなのですが、そのためにも、経営のことだけでなく世の中の仕組みや、人間とは何かについて、もっといろいろ知りたいと思うようになっていったのです。かといって、これまで公に政治的な発言をしたことはないし、自分の本業以外でお金を稼いだこともありません。

ただ最近、言い遺しておいたほうがいいと思い始めたことがいくつかあります。

続く2章は船井流経営の実例紹介なのですが、船井メールクラブの著者たちの力を借りながら、これからの日本について思うことを、外交、内政、社会（理念、哲学）の、いろんな角度から書き込んでいってみたいと思うのです。慣れない作業になりそうで心配ですが、本書がとどこおりなく世に出た時は、ぜひとも読み進んでみてください。

第2章

仕事だけの人生を生きた男の〝収支決算〟

すべてのことを仕事、仕事を通じて学んできた

ほぼ80歳まで仕事、仕事の毎日を過ごしてきました。

とはいえ、約7年前（2006年3月）からは体調を崩した半病人となって、それまで年に200回以上も行っていた講演を控えざるをえなくなり、ここ数年はいろんな原稿類の執筆だけが仕事になってしまっています。私自身は何とも物足りないのですが、妻などは「もう仕事はいいんじゃないですか」と、かえって喜んでいるようなのです。

そう言われれば、確かにこれは私にとって良い晩年なのかもしれません。

というのは、7年前に常にベッドと親しむ身になってから、それまでの70余年の人生よりもむしろ、たくさんの学びを得たようにも思うのです。原稿書きに疲れてベッドに横たわると、私は神との対話（あるいは自分自身との対話なのかもしれませんが）を楽しんでいます。そして、これまでとはまた違った、多くの悟りを得られた気がするのです。

それに、これまでまったく忘れていた過去の体験が、ふいに甦ってきたりもします。これはどういうことなのか、いまのところよく分かりません。

いずれにしましても、ここにきて新たに気がついたこと、発見したこと、そして思いがけず

甦った古い記憶なども含めて、1本の原稿を書いてみようと思います。しかも最初に自分で立てた構成に捉われず、いわばエッセイ風にとでも言いますか、自由に書いていってみたいのです。これは私にとって初の試みかもしれません。

すでに400冊を超す著書を世に出してきた私ですが、それらはすべてキチンとした構成を立てた上で、論理的、体系的に破綻なく書いてきたつもりです。

いたずらに難解な原稿などは論外ですが、およそ原稿というものは何か1本の、骨太のテーマで貫かれていなければならないというのが私の世代の常識であり、原稿執筆者としての良心だと頑なに思ってきました。しかし私はいま、もうそんなことにこだわらなくてもいいのかな……という心境になっています。何とも不思議な変化です。

経営理論ではなく「人間」を知るのが成功のコツ

若いころの私は、神職の家に生まれながら、徹底した唯物論者でした。

時代性もあったでしょう。昭和8（1933）年生まれで、戦後に青春時代を迎えて京都大学に進んだとき、教授たちも同級生たちも、周りはほとんど唯物史観の人たちだったものです。

いまなら、国家神道で突き進んだあげく日本が一面の焼野原になった現実への、単純な振り子現象だったと分かるのですが、当時はそんなふうには考えてもみませんでした。

ふと「原点」というものを考えてしまいます。私の原点は、言うまでもなく経営コンサルタント業でした。この道を歩んで「人」となったのです。特に40代までは、クライアント企業を市場競争で勝たせるために、自分なりに全力を傾注してきました。

あれはあれで、いまも間違っていたとは思っていません。あの時点では必要、必然、ベストの選択だったと思っています。

ただ人は、変わるのです。時代の流れに影響を受け、また自分自身の学びや気づきによって、誰もが大なり小なり変わっていきます。変わっていった方向が正しかったか、あるいは否だったかは、おそらく死にゆく瞬間にしか答えが出ないのではないでしょうか。

もう1年どころか、あと数カ月で「あちら」へ行くだろうと予測している私にも、まだ本当の答えは出ていないような気がしているくらいです。

気がつけば、もう半世紀近く経ってしまったことになりますが、日本の大型スーパー黎明期のことです。当時の小売業界のコンサルティングでは衆目の一致するところ、渥美俊一さんと私が代表的な2人とされていました。渥美さんは東大出身、私が京大でしたので、マスコミが「東の渥美、西の船井」と書き立ててくれたものです。

渥美さんは徹底的に合理性を追求した方で、従業員は組織の歯車になれ、上の指示通りに黙って働けば良い、従業員が余計なことを考え始める（例えば自分なりの工夫を始める）と必ず業績が落ちる、と主張しました。いわゆる「マス理論」です。

私はこの渥美理論に、猛烈に反発しました。

まだ若く人一倍血気盛んで、周りから「ケンカの船井」（競合相手は必ず叩き潰す）と呼ばれていたくらいですから、いささかやり過ぎた感もあったかもしれません。しかし、あのころ「すべて渥美理論の逆をやれば成功する」と言い放ったのは、あの時点でのまぎれもない本音だったな……と、いまでも思っています。

熾烈なケンカ（競争原理の追求）を続けてはいても、根本的には常に人間の可能性を信じ、育てて、経営に活かすという私の基本姿勢がすでにあの時点で密かに確立していたようなのです。

市場の発展段階に応じて経営法も変化していく

当時のスーパー各社は、渥美さんと私の両方に「仁義を切る」形をとって、どちらかに偏るのは避けていました。いま思えば、当然の姿勢だったかもしれません。

しかし、やがて船井流経営法に共鳴してくれて、私の考えを全面的に取り入れると決める企業も次第に増えていきました。例えば（株）モリガキです。したがいまして代表取締役の森垣武彦さんは、私の古き良き戦友といった存在ということになります。

さっそく、以下に2013年10月10日の配信文（勝仁社長が森垣さんにインタビューしてまとめたものです）を紹介してみます。

【船井流経営法の原点「量数巾戦略」を誰よりも早く実践した経営者】

初期の船井流経営法の原点は「量数巾」と呼ばれる、当時の小売業の現場において絶対に勝てる最強のノウハウでした。

私（船井勝仁）が船井総研に入社した25年前には、日本はすでに供給過剰の状態になっていたので、このノウハウは使えなくなっており、量数巾の時代に活躍した大先輩と一緒に、それがまだまだ通用した台湾へ出張に行って、そのノウハウを熱く語っている自信満々の先輩の姿をみてびっくりしたことを思い出します。

今年になってインドやアフリカのエジプト、ウガンダ、エチオピアに行く機会があったのですが、これらの国ではまだまだ潜在的な需要が供給をはるかに上回っており、極端にいうとモノさえあれば何でも売れる状態にありました。

2013年2月に、エチオピアの首都アジスアベバにあるアフリカ最大のマーケット、マルカート市場にガイドさんに連れて行ってもらったのですが、「ここでは何でも売れる。片方しかない靴でも蓋のない鍋、もしくは鍋の蓋だけでも売れる。さらには噛んでしまったチューインガムでも売れるかもしれない」という話を聞いてびっくりしました。

それだけの活気があるマーケットなのです。なぜマルカート市場では噛んでしまったチューインガムまで売れるのかということを、この量数巾戦略で説明することができます。

観光客の私たちは危ないからと、車から降りることもできなかったのですが、それほどの熱気でモノを買う人と売る人が東アフリカ諸国から集まってきます。アフリカ最大であり、もしかしたら世界最大でもあるマルカート市場は、結果的にマーケット全体として圧倒的な陳列量と品目数、そして価格巾を持っています。

圧倒的な量数巾を実現しているので、噛んでしまったチューインガムを買いたいというめったにいない需要しか持っていない人をも、このマーケットは引き寄せてしまうということなのです。

ただし、欧米や日本などの先進国や、アジアでも台湾、韓国、中国やASEAN諸国というある程度発展した国では、徐々に供給過剰の状態になってきています。ですから、ここではいくらものすごい量数巾を実現しても、いらないものはいらないという状態ができてしまっています。

その結果、ものを売るためにはストーリーが必要になってきており、それ（その商品にまつわる魅力的なストーリーをつくり、お客様の購買意欲をそそるノウハウ）が、現在の船井総研の流通業コンサルタントがご支援させていただいている内容になります。

例えばマグカップを売るにしても、これはどなたが言い出されたのか幸せを呼ぶ絵柄だと人気になっているマグカップです、こちらの無地各色のほうは飽きがこなくて毎朝使うのに良いと色違いペアで買っていかれる方が多くいらっしゃいます……等々と、いまや小さな商品一つでも買っていただくためには気の利いたストーリーが必要なのです。

また売り場の方たちも、こういう接客のほうが楽しいだろうとも思います。

森垣武彦社長と船井総研（当時は日本マーケティングセンター）のお付き合いが始まった40年前の日本は、まだまだ需要が供給を上回っている状態だったので、量数巾戦略を完璧に使いこなすことで、モリガキは日本でも有数の儲かる店になっていったのです。

ユニクロがブラック企業と呼ばれる理由

いま勝仁社長が書いたように、あのころは確かにそんな時代でしたし、いまに至る小売業の変化についても、正確かつ簡潔に書いてくれています。

この変化の過程は、これからのビジネスのヒントにもなるのです。というのは、日本ほど消費者の意識が成熟している国は、世界を見渡してもまずありません。そして、いま発展途上の国々のこれからは、日本の足跡をほぼ正確にたどって進んでいきます。現実に中国や韓国もそうですし、不思議なことにほかの国でも人種や肌の色に関係なく、忠実に先進国の後を追って変化していくのです。日本にしても、最初は欧米の忠実なコピー国家でした。

さらに言えば、日本は個々人の価値観の多様化現象が、当たり前のこととして受け入れられています。

個々人の価値観が多様化し、それが国民みなに衆知されているというのは、まさに日本が先進国だという証しなのです。日本が好きになって、ついには日本に帰化してしまった呉善花《おそんふぁ》さんが「来日してすぐ日本が好きになりました。でも、数年すると日本という国についていけなくなり、いったん日本が嫌いになって韓国に帰国したんです。それから、また再来日して……、もうそれからは日本大好き！　になりました」と言っていたのを思い出します。

善花さんがいったん日本を嫌いになったのは、日本人が持つ多様な価値観についていけなかったからだそうです。

韓国には一つの価値観しかなく、みんながそれを追いかけているのだといいます。具体的には、なるべく良い大学に入学するのが最初の絶対的な目標で、卒業したら外交官など高級官僚になるか財閥系の企業に入る、あるいはマスコミ人か大学教授になる。それ以外の人は、みんなが挫折感と劣等感を抱いて生きていくのだそうです。

日本人のように、「私は出世に興味がないから趣味に生きる」とか言い出せば、「お前はダメな人間だ」と言われます。日本では大いに尊敬される各分野の名人級の職人さんたちも、韓国では「しょせん、ただの職人じゃないか」と冷笑されるだけだそうです（このあたりの話題は第3章以下で改めて詳しく触れます）。

いずれにせよ、個々の国々によって早い遅いの違いはあれど、日本で過去に起きた諸現象がいずれ彼の国でも必ず起こりますので、海外ビジネス志向の方は大いに参考にされると良いでしょう。

【量数巾戦略の要諦は正利多売戦略にあり】

どんな国でも、普通に商売をやっている人は、競争が激しくなってくると薄利多売の商売をします。

需要が供給を上回っているマーケットでは、それでも安売りをするとたくさん売ることができますので何とかやっていけますが、先進国では薄利にしても売れないものは売れないので、ジリ貧になってつぶれてしまいます。

残念ながら、これがいまの日本の小売業で普通に起こっている現象です。

ほとんどの会社が薄利多売の商売をすることで徐々に疲弊していき、それでも量を追求する以外の戦略を知らないので、自転車操業になってしまい、そうなると利益が出なくても薄利多売の商売が止められません。そして、いつか限界を越えてつぶれてしまうという道を進んでいます。

このがまん比べから抜け出すためには、薄利多売の商売を止め、正利多売の商売を始めなければなりません。

これを現在、小売業で一番上手くやっているのがユニクロだと思います。

詳細な研究をしたわけではありませんが、ユニクロの商品は結構高粗利を取っていると思います。ＳＰＡ（独自のブランドを持ち、それに特化した専門店を営む衣料品販売業）という仕組みを使って、適切なマーケティング戦略と巧みな仕入れ戦略を構築し、高粗利を取りながら、かつ値頃感を訴求できているのがユニクロ成功第一の要因です。

これを実現するためには、経営陣の卓抜した力量と仕入れやマーケティング面の優れたシステム構築、それに現場と企画部門の緊密なコミュニケーションが絶対に必要になります。だから反面で、現場を任せられている入社数年目の若い店長や副店長に大きな負荷をかける仕組みがどうしても必要になり、結果として長時間労働を強要するブラック企業という言い方をされてしまうこともあるのだと思います。

小が大に勝つための知恵の働かせ方あれこれ

現場では販売面でもデータ収集面でも、どうしても人間力に大きく頼らざるを得ないという現実から、船井総研が社名を変更する前の日本マーケティングセンターの時代は、現場の長時間労働を奨励していました。

モリガキのように森垣社長のような天才がいない場合は、いまほどコンピュータなどのシステム面が発展していなかった当時の環境では、それ以外に儲かる店を作る方法がなかったからです。ユニクロはそれを、ＩＴ化や世界中から優秀な人材を採用してくるグローバル化等でずいぶん改善しています。とはいえ、まだまだ人間力に勝る段階までは行っていないというのが実情だと思います。

ユニクロやワタミのような、社員の人間力を高める施策を長時間労働の許容などの手法で取ってきた企業は、社会的にそれが許されない環境ができつつある中で、それをどう乗り越えるのかが大きな課題になっています。

もちろん船井総研を含むコンサルティング会社も、長時間労働という同様の問題を抱えていますが、こちらはクリエイティビティ（創造）の喜びを絶えず得られるというモチベーションがあることで、当面はこの問題は乗りきれるのではないか、というのが私の見解です。

いまユニクロが成功している正利多売の商売を、需要が供給をはるかに上回っている状態で実施すると、メチャクチャ儲かります。30年から40年前に、ユニクロ商法をその原点のような形でやっていたのがモリガキです。

森垣社長は船井幸雄や日本マーケティングセンターからそれを学び、ストレートに実行して大きな利益を出し、裸一貫から商売をはじめて、バブルの最盛期には80億円以上の資産を築いたとおっしゃってくださっています。

いまから約30年前に出された船井幸雄監修『日本の繁盛店100選　第二集』（株式会社日本マーケティングセンター発行）という本が森垣社長の手元にありました。

たぶん、もう船井総研には残っていないと思いますが、そこにモリガキ千日前総本店が繁盛店として紹介されていました。この本は当時のモリガキの事業内容がよく分かりますので、以下に引用させていただきます。

（これより引用）

推薦の言葉（大阪、第一指導部　小林　俊雄）

1．小型メンズカジュアルショップの超繁盛店

なによりも非常に良く売り、儲かっているお店で、大型競合店にも非常に強い。店頭から店内まで売れ筋商品で埋めつくされ、活気、にぎわい性が高い。客層は、男性のヤング客をメインとしながらも、女性客（ヤングから主婦客）まで巾広い。

2．時点商法の徹底による超売れ筋生き筋商品で地域No.1

売れ筋商品の把握が巧みで、売れたら即仕入れの体質ができ上がっている。

売れ筋商品の確保に、仕入れ先間口の広さと組み立て方、問屋・メーカーとの良い人間関係づくりができている。

仕入活動も、ほとんど毎日仕入れに近い頻度仕入れに徹している。

また最近は、他店との差別化のため、デザイン物の買い値頃品のオリジナル商品開発をおこなっている。これは、毎日曜日営業終了後、深夜までおこなわれる営業会議での商品リストアップと、主力メーカーとの連携により、短サイクル生産で上げられている。

3．売り切りと見事な陳列

往来客に対して、店頭売り切り商品の陳列が非常にうまく、自然な客吸引が可能となっている。

売り切りと陳列が、高効率・高密度型店舗をつくり上げている。

4．客志向に徹したサービスで固定客化商法の徹底
創業以来の理念は、「一度買い上げたお客を、いかに再来客・ファン客にするか」である。その要素として、自社によるスソ直し、サイズ直しのスピード化、他店商品の修理などのサービスを積極的に展開し、ときには、社長自ら現場に立って従業員と固定客づくりにつとめている。
（引用ここまで）

薄利多売ならぬ「正利多売」でどんどん儲けよ

この「推薦の言葉」には、船井流の考え方が散りばめられていますが、モリガキが船井流の小売競争法の超優等生であったことがよく分かります。

陳列量を増やすだけでは、薄利多売の商売に走ってしまいますが、品目数と価格巾の戦略を加味することによって、高粗利体質を構築することができるのです。固定客化等も典型的な船井流の手法なので、本当に上手くポイントを学んでそれを実践に移されていたことがよく分かります。

ここで「時点商法」と紹介されているのが、SPAの原点になるやり方です。

問屋やメーカーとの緊密な関係を築き、売れているものを瞬時に把握して、それをすばやく

仕入れる、また仕入れたものは何があっても絶対に売り切るという戦略であり、これを実施するためには精緻な量数巾戦略が必要になります。

当時のＩＴはまだツールとして使えるものではなかったので、ユニクロではＩＴシステムになっているものが、森垣社長の頭の中で構築されていたのです。

確かに森垣さんは、その強烈な個性ゆえにイケイケドンドン型の経営者に見られがちだったのですが、実は飛びぬけて優秀な頭脳の持ち主でもありました。

そして、これはあくまで私の見解にすぎませんが、その自分の頭の良さに頼って商売をする気持ちはさらさらなかったようです。世の中にはきっと、自分が考えもつかないような優れた何かが隠れているはずだと、常にアンテナを働かせていたように思います。しかも、およそ偏見というものがないのです。

易者や占い師が言うことでも、自分が納得できれば受け入れます。逆に、いくら世間的な評価が高い人が言うことでも、自分で納得できなければ決して採用しませんでした。

いろんな経営理論の基本は、もちろん押さえていたでしょう。しかし経営者やコンサルタントにとって、それはごく当たり前のことなのです。基本を押さえているからこそ、世の人々をアッと驚かせる経営戦略を自信満々で打ち出せるのだし、そのユニークな戦略で成功を収めてみせることができます。

そういう意味で偏見を持たないというのは、名経営者の資質にほかなりません。

森垣社長が商売をはじめてからしばらくの、メンズアパレル業界はＪＵＮなどのブランド品が絶好調の頃でした。モリガキでもこれらの商品を仕入れて販売していたのですが、これは仕入率が高いのでいくら売ってもあまり儲かりません。

ですから、同じようなテイストの商品を別の問屋やメーカーから仕入れるか、あるいはモリガキがリスクを取って作らせることで、ブランド品よりも低価格でかつ高粗利商品を多数販売することによって、多額の儲けを生んだというわけです。


量数巾戦略の目的は大きく言って二つあります。

一つは魅力ある店作りをするために有効なマーチャンダイジング（商品政策）を確立すること。

そしてもう一つは、粗利ミックスの戦略を取って、高利益をあげることです。

粗利ミックスという考え方は、スーパーマーケットなどでは利益幅の薄いバーゲン品で集客をして、それ以外の高粗利商品もついでに買ってもらうことで利益をあげることだと一般には言われています。しかし、モリガキがやっていたように、ブランド品も販売するが、その類似品で高粗利を取れるものを開発して、それで大儲けをすることがより本質的な粗利ミックスの戦略なのです。

これが森垣社長の言う正利多売（薄利ではなく商売としての正しい利益を出して、かつ大量に販売して利益を確保する）商法と言うわけです。ここでのポイントは、儲からなくてもいいからブランド品もしっかり取り扱い、そこから売れ筋商品や、価格が低くてあまり儲からない廉価品まで、すべてをラインナップするということです。これで、陳列量、品目数、価格巾が網羅でき、集客力が格段に高まります。

そのうえで、一番利益の出る売れ筋商品を大量販売することにより、大きな利益を確保するという戦略なのです。

低価格競争に乗っかるほど愚かなことはない

「利は仕入れにあり」

森垣社長からいただいたもう一つの資料として、業界新聞「タイハン特報」がモリガキを取り上げた昭和52（1977）年1月10日付けの記事があります。

（これより引用）

【大阪・モリガキメンズショップは、現金仕入れで一流メーカーから入れ、格安に売って成功】

紳士もので成功したモリガキ（社長・森垣武彦氏）を紹介しよう。

この店は大阪道頓堀に二店舗と京阪沿線と阪急沿線にそれぞれ一店舗ずつをもつ中堅クラスの専門店だが、今秋になって社長が「今年の歳末商戦は、これまでのようなやり方では、とても年は越せない」と決意し、自ら商品部長も兼任して東京や大阪の有名メーカーを廻り、これは売れると思った商品を見つけたらその場で現金で契約し、或いはメーカーに生地を渡して縫製させた。

それ以前に売れ筋商品を探すため、全国各地のよく売っている小売店や専門店を廻って現品を買い取って持ち帰り、その商品の仕入れ先探しもやっている。

また自分の店の商品がデパートや他の専門店、量販店より最低二割は安くないと売れないとみて、同じような品物がデパートや他の専門店、量販店にあった場合は、それを買い取って比較検討し、思い切って損をしてでも安値で販売した。（中略）

しかし、商品補充には社長兼任の商品部長が常に五千万円近い現ナマを持って東京―岡山間を歩き廻った苦労があったからこそだと思う。森垣社長云わく、

「不況で一見すればどうにもこうにも打つ手がないように見えるが、不況で金詰りだけに一流

メーカー、センスの優れた商品をつくっている中小企業の有名専門店おかかえのメーカーとも取引ができる。ここがチャンスと思い現金を持って、誠意をつくして仕入れ先を廻ったのが良かったのだろう」。

（引用ここまで）

量数巾以外のモリガキの大きな強みは仕入力の卓抜さにあります。

現金を持ち歩いて買い取ることで、流行商品ですぐに売れる商品を安く仕入れることができます。また、全国の同業他社のリサーチを絶えず行っていくことで、売れ筋をいつも摑んでいることも大きな強みでした。

こうして書いてしまうと簡単なことに思えますが、これをシビアに実行することは実はとても大変なことであり、それをあくなき行動力でいつも実行していたことがモリガキの本当の強さの秘密なのです。

また、商売人としての誇りを大切にするという面も森垣社長の強さを作っています。

例えば、近隣の店で安く売っている商品を買ってきて値札だけ切り取り、それを森垣社長が正しいと思う値段で、わざわざ高く売ってみたりすることもあったそうです。隣の店が100円で売っているものが、何でモリガキなら500円になるのか、質問してくるお客さんもいたのですが、そうなると森垣社長の世界（森垣ワールド）に引きずり込んだことになり、売れたのも同然です。

森垣社長の考え方はシンプルで、商売としての筋が通っていれば、お客さんは高くても買ってくれると言います。

例えば、隣の店はそれこそ赤字覚悟の粗利ミックス戦略を取っており、体力があるから損しても売れるのだが「ウチみたいな小さな店はそんなことをやれば潰れてしまうので、正しい値段で売っているのです」とか、「大きな店は大量仕入れをするから安く売ることができますが、ウチはそんなわけにはいかないからこの値段になります」と説明すると、隣の大型店より高くても不思議に買ってくれるというのです。

これは、智恵を使わずにただ安売りするだけの商売は、商売人としては恥だ。利は仕入れにあるので、どうすれば良い物を安く仕入れられるかを一生懸命に努力追求する。そして、その時もお互いに商売人同士なのだから、悪どいことをして自分だけが儲けるのではなく、相手の利のこともきちんと考える。

さらには、その思いを買ってくれるお客さんにも共有してもらうという、古き良き大阪商人の矜持《きょうじ》を大切にしているのです。

究極のところ名経営者は直感力で勝負する

古き良き大阪商人の矜持とは、勝仁社長もよくぞ書いたものです（これは満足の言葉ですので誤解なきように）。

古臭いものはどんどん捨てて、新しいものを積極的に取り入れていくのは、非常に良い姿勢だと思います。しかし古いものは何でもかんでも捨ててしまえというのは、あまりにも知恵のない態度だとも思うのです。古いものにも、普遍的な価値を持つものがたくさんあります。私などまさしく、その普遍的価値を持った経営法を編み出せないものかと、そこに人生を賭けたようなところがありますので、これは切実な実感なのです。

例えば、古くから言い伝えられてきた諺や格言、警句がたくさんあります。

いわく「和をもって貴しとなす」「過ちては改むるに憚《はばか》ることなかれ」「老いては子に従え」「寄らば大樹の影」ｅｔｃ……、何でも良いのですが、これらの言葉は否定しようのない人間の「真理」を含むからこそ、何千年も生き残ってきたのです。このごろはベッドに横たわって、十分に理解したつもりでいたこれら先人の言葉を、いまさらながら再吟味したりします。

すると、ひょっとしたらこんな意味も含んでいたのか、こっちの解釈のほうが正しい意味だったのかもしれない、などと新発見が多々あるのです。

人生を80年も生きてきた私にしてこうなのですから、50歳や60歳、ましてや30代や20代の方が「私はもう世の中のことはすべて理解している」などという気になるのは、不遜の極みだと言わざるをえません。

「包み込みの本当の意味」

元来の「包み込み」という考え方は、競争戦略から来ています。

ライバル店よりも大きな売場面積を持ち、ライバルが置いている商品はすべて陳列し、それに加えて置いていない商品を販売すれば競争に絶対負けないというのが、包み込み商法の原点です。もし、ライバルが独占契約をしていてどうしても仕入れられない商品があったら、ライバルの店でそれを買ってきて、そのまま損を出して安く値付けしてでも相手を競争戦略的に包み込むという指導までしていたそうです。

しかし、船井総研の大野潔専務に解説してもらったところによると、いつの間にか父の包み込みは、競争戦略ではなく違う意見をどちらも包み込むような、大所高所に立った戦略を意味するように変化していったというのです。

例えば、放射能の影響はどんなに微量でも有害であるという一般的な考え方と、副島隆彦先生（評論家）や中矢伸一先生（253ページ参照）のように、微量であればかえって健康にいいという全く正反対の意見をどちらも否定することなく、両方の良い点を包含するような意見に昇華させていくのが、本当の意味での包み込みの考え方だというわけです。

量数巾できちんと儲けるということと、商人道を貫き通すということは全然矛盾しない。これがつまり、本当の包み込み的な考えに通ずるのだという結論をもって、森垣武彦社長のインタビューから現場視点で船井流経営法の原点を紹介させていただいた本稿の筆を、ひとまず置きたいと思います。

【2013年10月10日配信】

森垣さんは私と同じ昭和8（1933）年生まれです。彼は大阪人で、私は河内人。気質にも相通ずるところがあったのでしょう、得難い友の1人ではありました。

船井流経営を実践してくれているのは一般企業にとどまりません。次に紹介する矢山利彦さん（矢山クリニック院長）も、船井流経営を病院経営に活かしてくれています。矢山さんとは気功つながりが発端ですが、森垣さんと同じく戦友みたいなもので、基本的に医者を信じない私がいつでも体を投げ出して「さあ診てくれ」と言えるお付き合いです。

次項以下に紹介するのは、2013年9月19日の配信文になります。

病院経営に悩んだ外科医が最後に出した結論

【Y・H・C・矢山クリニックの経営】


広辞苑に「経営とは力を尽くして物事を営むこと」とあります。

私は外科医でしたが、現在は手術をやめて、漢方や波動医学、食養、気功などを統合して癌ほかの難病を治すべく、日々力を尽くしてクリニックを営んでいます。

船井流を学び、医療の上で実践してきたことをまとめて報告いたします。

一・真理は単純明快であること

医師になるには膨大な情報を記憶しなければいけません。細部にわたって正確な知識を持っているほど、有能とされます。

外科医になるには、その上に体力、集中力、手先の器用さも必要です。船井先生が「真理は単純、明快なんだよ」と初めてわたしにおっしゃったのは、26年前でした。「矢山さんの言っていることは面白いけど、もう少し単純明快になるといいね」と。

その後「真理は単純明快」という教えは何回もお聞きしたのですが、言葉の本当の意味が分かったのは、クリニックを経営してからでした。

勤務医として働くことと、クリニックを経営しながら癌、そして難病をあきらめずに何とか治そうとする日々の営みは、まるで違うものでした。

売上、支払い、そして借金し、返済する、給与計算などのファイナンスについては全く知識ゼロの状態、職員の人間関係の調整など考えたこともない、行政とのやり取りは基本すらわからない、医師会の付き合いも未経験と、よくもそんな状態でクリニックを始めたものだと、今から考えると半分あきれてしまいます。

中でも一番マイッタのは、平気でうそをつく人が職員として入ってきたことでした。

無床のクリニックから、19床のベッドのある有床診療で、歯科も食養課も併設したので、職員が5名から、いっきに50名近くとなりました。その中に数名、平気でうそをつく人が存在していたのです。

はじめはもちろん、うそをついていることはわかりません。

しかし、徐々に、うそがばれてきます。医師としてのキャリアの中では、患者はよほどのことがないかぎりうそはつきません。また外科医といううそがない世界では、周囲の医師たちは、いろいろ個性はあっても、うそはありませんでした。

そのような環境でしたから、うそに対する耐性が私には全くなかったのです。

今ではウィルスに対して免疫ができるように、うそに対しても耐性ができてきましたが、その当時はどうしてよいのか混乱してしまうことも多々ありました。また経営が苦しくて、自分自身の給与をゼロにし、1年間無給で働いたこともあります。

このほかにも、さまざまな問題が次から次に生じてきて、夜も眠れない日々が続きました。そんな時、折に触れて思い出し、心の支えとなったのは「真理は単純明快」という船井先生の教えでした。そこで、医師にとっての真理とは何かを考えて考えて、考え抜いた末にできた「Y.H.C.矢山クリニックの五つの判断原則」を、次項より記させていただきます。

原則論はうるさいほど言って徹底させる

「Y.H.C.矢山クリニック　五つの判断基準」

いつも自分に問いかけて欲しい。

この原則に立ち返ると、悩み、問題に答えが出てくる。

1．治し力を追究する。

1）症状　↓なぜ　↓なぜ　↓なぜ　↓なるほど　↓どうする

2）「なるほど」がすぐになくても、いつも全力投球で治す努力。
「なるほど」があってもさらに、ローコスト、ハイクオリティ、卓効、副作用なしを追究。
3）新手を考え続ける。仮説　↓検証　検証とは治ること。
4）人間、社会、自然、宇宙の理法を学び考える。

2．治り力をサポートする。
1）ライフスタイルへのアドバイス、考え方へのアドバイス。
2）まず、患者さんと親しくコミュニケーションできるように。
3）健康情報を学び実行、伝える。（「自分もやって、良かった」が伝わる。）

3．自己の健康度を上げる。
1）日々の生活のなかで、自分の身体の声を聞く。
2）食、気功、休養。
3）デトックス、汗だし。
4）電磁波、農薬、化学物質に注意。
5）生ものは50℃、20分から30分の湯せん。（低温殺菌法）

4. 収益を上げて自他の生活を守る。

1）「自分のパフォーマンスの収益は？」と考える。それが自分の責任、位置にふさわしいか。
2）改善すべきはないか。
3）稼ぐ気持ち。
4）治し力の結果　↓　満足
5）自費治療がなぜ必要かを明確に、伝えられるか。
6）ポリシー、志を伝えられるか。

5. 世の中から病気がなくなることを考え、行動する。

1）1人の患者さんが元気になり、その周囲が元気になる。
2）医療全体の仕組みを学ぶ。
3）情報の発信。
4）世直し集団をつくっていこう。

この1～5を書いた表を職員の目のつくところに掲示して、わからないことがあったら、この五つの判断原則に立って考えてほしいといつも言っています。職員同士が、何か問題があっても相手に気兼ねして指摘しないでおくことはよくない、率直に意見がいえる基準にしてほしいとも言っています。次項から改めて説明を加えてみます。

すべての病気が例外なく当てはまる「五つの病因」

「治し力を追究する」

一般の方々は、医師は誰でも治し力を追究していると思われているでしょうが、必ずしもそうではありません。また、医師も治し力を高めたいと思わないことはないのですが、これも必ずしも誰もができるわけではないのです。

例えば「治すのではなく、症状をうまくコントロールして、病気と折り合って生活しましょう」と医師から説明を受けた方も多いと思いますが、難病といわず高血圧症や糖尿病、高コレステロール血症などでも、長く服薬を続けている方が数えきれないほどたくさんいます。そして、それが当たり前のようになっています。

これも「真理は単純明快」という観点から考えると答えが見えてきました。

それは、「人間は自然が作った最高の傑作、生まれてから死ぬまで、元気に生きられるよう

図1　五つの病因による疾患モデル

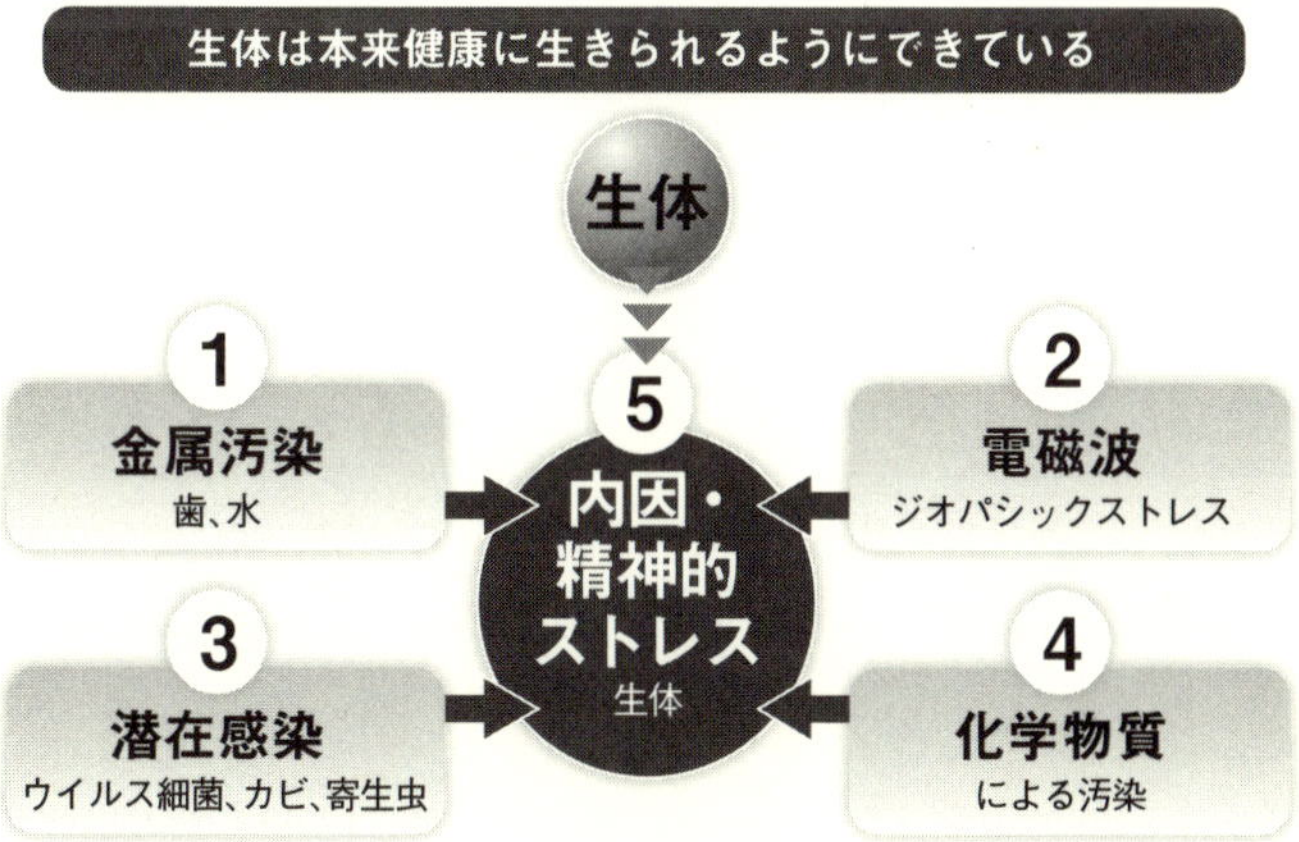

にできている」「病気という現象には、必ず原因がある、原因を取り除いていけば、現象は自ずと消えていく」というものです。

私が使っている「ゼロ・サーチ」という、特許が認められた微細エネルギー測定装置で1万5千人以上の患者さんを診察してわかったことは、病気の原因は五つのカテゴリーに絞られてくるということです。

この五つの病因論が全く適合しない疾患は、癌も含めてまだ出会ったことはありません。いや癌や難病こそこの五つの病因が深く関与しているのです。

病気の数、病名は数えきれないほどあります。私は外科医で、癌の臨床経験は数えきれないほどあります。その一方で、聞いたこともない、見たこともない病名がついた患者さん、また病名は知っていても、まったく違う科の患者さんが受診されることも、少なくありません。

専門外なので治療はお引き受けできないとお断りするのが原則ですが、通院して難病が治った患者さんの紹介だったり、専門医を何人もめぐってやっとたどり着いたと言われると、断りきれずにこの五つの病因論を説明して「あなたの体を苦しめている原因を一つ一つ、取り除いていきましょう」と治療を始めます。

すると病名を問わずに症状が改善していくことが、何回も数えきれないほど再現性をもって生じてくるのです。

もちろんすぐに改善しないこともあります。こういうときは「なぜなぜ分析」という、ゼロ・サーチを使った診察を「なるほど」が生じるまで行うのです。この対処法は、問題が発生したときの解決の方針として、職員にも勧めています。

この五つの病因論に立脚して、ゼロ・サーチを使った医療を行う学会が発足し、百数十名の医師、歯科医師が、診療と研究を行っています。

西洋医学は「気の抜けた医学」にすぎない

「自己の健康度を上げる」

医療人は元気でないと務まらない仕事です。くたびれたり不調があると患者さんに対して親身になって力を尽くすことができなくなります。そこでY．H．C．矢山クリニックでは、毎朝8時10分から8時30分までの20分間、職員全員で、私が指導しながら気功をすることにしています。20分と短い時間ですが、毎日の積み重ねが「気」の力を高めてくれます。

おかげで、多くの患者さんから、このクリニックの職員の方がたは皆、明るく優しいですねといっていただけます。これはほんとうにうれしいことです。

「収益を上げて自他の生活を守る」

医師は医療を行う時、基本的にコストを考えずに最善と思える治療を行うよう、不文律として教育されています。コストを考えることは、タブーとさえなっています。そうは言っても経営にコスト計算は欠かせません。これもどう考えたらよいのか、悩ましい問題でした。

単純明快になるよう考えて、治らない治療をつづけることは、ハイコスト、ロークオリティ。

逆に、治る治療が一番ローコスト、ハイクオリティということ。できるだけ無駄をはぶくこと、という二つの結論が出ました。

これで、コストを考えながら治療をするというような悩ましい事態は、かなり減っています。もちろん治療の意味、必要性は文章にして説明し、コストについては医療事務の責任者から事前に詳しく説明するようにしています。

「世の中から病気がなくなる（減る）ことを考え、行動する」

ゼロ・サーチを使ってのバイオレゾナンス医学の全国大会は、本年で4年目となりますが、これは一般の方々と医療者が同じ場で学ぶという、ユニークな医学講演会となっています。年々参加される方も増えつつあります。

講演の記録集を読まれて興味を持ってくれる方も増えています。

これも「真理は単純明快」といった原則から考えると、人々が五つの病因を理解して、それが自分の体に入らないように、また社会全体からこの五つの病因が減るように実行していけば、病気そのものが減っていく時代が来るのではないかと夢想しています。

二、長所伸展の医療について

そして「長所伸展法」。これも舩井先生に教えていただいた、個人が上手に生き、企業を上手に経営する大原則です。それでは病気を治す医の領域において、「長所」とは何でしょうか。

結論は「自然治癒力」「生命力」、あるいは「気」なのです。

しかし、この生命の最高の長所を医学校では教えていません。

西洋医学は「生命力」「自然治癒力」、そして「気」の抜けた医学なのです。

一方、東洋医学はこの概念が主軸になっています。

なぜ西洋医学では「生命力」を言わないのか。

それは、ニュートン力学によって人も、宇宙も精密な機械に過ぎないという根本テーゼができてしまったからなのです。

西洋でも生気論（vitalism）の伝統としてのアリストテレスの霊魂（アニマ）、ライプニッツの活力説、ベルグソンの生の飛躍（エラン・ビタル）などがあったのですが、何しろニュートンの力学による自然認識が大きな成功を収めたので、西洋医学が成立する過程で伝統的な生気論は捨てられ、無味乾燥な「人間機械論」が西洋医学の根底を支える概念となったのです。

自然治癒力を高めるのが最も有効な治療法

半病人になったことも手伝って、私は病院の事情にはずいぶん詳しくなりました。

一時期はプロジェクトを立ち上げて、大掛かりな病院経営コンサルティングに乗り出したこともあります。その最中にも、個人的にはいろんな自薦他薦の医師や病院で頻繁に治療を受けていたのですから、医療事情に詳しくなるのはむしろ当たり前です。日本の医療界には多くの解決すべき理不尽な問題があることも知りました。

日本の現代医療は、基本的に西洋医学が中心になっています。

患者としての私は、正直なところ西洋医学を心からは信じられません。検査に次ぐ検査で、まるで検査を受けるためだけに通院しているような気にさせられます。矢山さんだけでなく、多くの情報源から教えられた現代医療の現状を知るにつけ、私の病院不信は深くなるばかりです。少なくとも、いままでは知らない病院に駆け込む気にはなれません。

病院不信の理由を一つだけ挙げれば、西洋医学は細分化された部分治療、ピンポイントの対処療法であり、人間の体をトータルに捉える発想がない、本来必要な根治療法に熱意がないのではないかという疑問です。

では、一方の東洋医学においては、どういう考えになっているのでしょう。

東洋医学に於いて「自然治癒力」は「正気《せいき》」と呼ばれます。これが虚したときに、外から病気になる原因の（外邪）が入って病気になる、そしてこの「正気」を盛んにして外邪を排出する。これが東洋医学の根本原理になります。

これを「扶正去邪《ふせいきょじゃ》」と言います。西洋医学でこの「正気を扶《たす》ける」に近い概念は「免疫力を高める」です。

免疫力を高めるとは一般の方々には受け入れやすいし、感覚的にもある程度わかります。しかし驚かれるでしょうが、一般の臨床医は、免疫力を視野に入れて、その働きを考慮しての診療は全く行っていません。

「えー、免疫力を考えないで治療しているって本当ですか?」と思われるでしょうが、本当です。

読者の方で病院に行って様々な検査をされたことがおありでしょうが、あなたの免疫力はこうなっています、という説明を受けた方はいないと思います。それが実情です。

基礎医学としての免疫学はかなり進歩しています。わたしは、大学院の免疫学教室で研究に従事したこともありますが、免疫とは壮大なオーケストラのような、まさしく自然治癒力の発現を担った生命現象なのです。

それは学び、研究するとほんとうにすばらしいのですが、すばらしさがわかればわかるほど、実際に患者さんを診療するときに免疫を考えないようになっている現在の医療に大きな違和感を持ちました。

それは、戦争にたとえると、味方の兵力も武器も知らず、味方の兵隊が現在どう働いているのかも知らずに、戦争を指揮しているようなものなのです。この現状をどう解決したらよいのでしょうか。

ずいぶん悩みましたが、かなり解決できるようになりました。それは前述のゼロ・サーチという波動測定装置を使って、サイトカインというリンパ球（兵隊）の指令物質が生体内でどのように作動しているかを測定できるようになったことです。

「波動測定装置を使ってサイトカインの動きをリアルタイムかつ無侵襲で知ることができるようになった」

この事実は生体の長所である「自然治癒力」を大きく伸展させることになるのです。このように「長所伸展の医学」を何とか実現できてきたのも、やはり船井先生からこのコンセプトを何度も何度も教えていただいたことによります。

本当に有り難いこととこの文を書きながら思っています。

金属製の歯を入れた人には命の危険がある

三、混合診療、歯科医療統合について

「混合診療禁止」という言葉はほとんどの方はご存じと思いますが、この内容を明確に規定する法律は存在しません。しかし、ほとんどの方が「混合診療禁止」という法律が存在していると洗脳に近い誤解を持っています。

そしてこれは開業医、中でも新しい治療法によって患者さんを何とか治したいと思い努力している医師の上に、重苦しい脅威としてかぶさっています。

私が開業する時に、行政より受けた説明の中で「混合診療だけはしないでください。違反すると保険医の資格がなくなります」と、何度も念を押されました。私は何であれ、自分が納得しないとなかなか受け入れられない性分があるようです。船井先生からも「矢山さんは納得すると、いたって素直なんだけどなー」と何度も言われたことがありました。

納得しないと梃子《てこ》でも動かないというわけです。

そんな私ですから「混合診療」とはどういう診療をいうのですか、と何度も質問したのですが、医学でいう診断基準（クライテリア）がはっきりしません。厚生労働省にまで問い合わせ、やはりはっきりしなかったのですが、何度も質問してやっとわかったことは、「一つの病名に対して、保険で認められた治療をしている時に、その病名に対して、保険で認められていない治療をすることが混合診療となる」ということでした。

それ以外こんなケースはどうですか、あんなケースはどうですかと質問すると、それはケースバイケースで厚労省が判断するということでした。

行政は明文化されていないケースに対して「裁量」によって判断することが認められています。これを「裁量権」と言います。しかし裁量で保険医の資格がなくなるというのはやりすぎでしょう。

治し力を追究していると、いやおうなく歯科の問題が浮かびあがってきます。

患者さんには歯科金属から、平均350mVの電圧を持つ電気が発しています。これは、ガルバニック電流と歯科の教科書に書いているのを後で知りましたが、歯科金属からの電流を初めて測定したとき、我が目を疑いました。なぜなら心電図のピークの電圧がその100分の1の3・5mVだからです。

3・5mVを超えた場合は心筋肥大という病名がつきます。350mVもの強い電流が出ていたら体に良いわけがなかろうと、放電する装置を自作してガルバニック電流を減らしてみてまたびっくりしました。頭痛、肩こり、目の疲れ、関節痛、手のしびれなどが激減するのです。90％の方の症状が半分以下になります。

この効果は実に大変なことなのですが、ごく短時間でもとに戻ってしまいます。それは、ガルバニック電流が発生する歯科金属が、口腔内という強い酸化環境に存在し続けているから、当たり前と言えば、当たり前なのです。

しかし、ガルバニック電流が交感神経の緊張症状を引き起こし、そこから先述の自然治癒力を妨げていることが明らかになった以上、これを何とか解決しなくてはなりません。そこでY.H.C.矢山クリニックの歯科では、金属を除去して、害のない良質の材料に入れかえる作業を論理的帰着として行わざるを得なくなったのです。

歯科医と検討してベストと思われる選択を実行するには、保険診療では無理です。様々な患者さんをよくよく診察し、話を聞くと、その病名の症状以外にも交感神経の緊張が生じていることがわかってきます。

私はガルバニック電流によって生じる不調を「ガルバニック電流症候群」と一応名称を付け、口腔内をノンメタルにする治療を始めました。これは、歯科と医科と科も違うし、もちろん病名も違うので、混合診療に相当しないことは明らかです。しかし、ここからが苦労の始まりでした。

何とかこの診療形態を混合診療とこじつけて、保険医の資格をはく奪しようとする動きが始まったのです。

厚労省、そして味方をしてくれるべき医師会までもが一体となって、4年を過ぎる監査の継続というプレッシャーがクリニック職員、そして私の心身に加わってきました。私は長い間、空手を修行しました（道場以外では、技を使ったことはありません）。

このときのプレッシャーに耐える上で、空手の修行で養った心身の耐久力は、真に役に立ちました。修行経験のない妻には本当に心労をかけたと、今思い出しても申し訳なく思っています。しかし、空手で得た心身の耐久力だけでは、この困難を越えていくことはできませんでした。

そこで「舩井先生、何とか助けてください」と泣きついたのでした。

先生は、親身になって相談に乗って下さり、今は逝去されてしまった、本田俊雄弁護士さんを紹介して下さったのです。その後の経過を述べていくとドラマの脚本ができそうですが、結論は、正論どおり、「問題なし」の最終判断が厚労省より届けられたのです。

四、今後の医療について

「人は生まれてから死ぬまで元気に生きられるように、自然がつくってくれている。また病気になっても自然治癒力、生命力、気を活性化し、五つの病因を取り除いていけば活路は開ける」

これは、私自身の医師としてのキャリアを総括した言葉です。

この内容をできるだけ多くの方にお伝えするための、医師としての仕事がこれから先に待っている。そのために力を尽くさなければいけない、と内なる声が言っています（その一方では、そろそろくたびれた気もするのですが……）。

その医学を「バイオレゾナンス医学」と名づけました。

人は物質の身体を持っているが、同時にエネルギーの身体をもっている。

物質身体の医学とエネルギー身体の医学を両輪として回し、
・病気の人は普通の人に、
・普通の人は健康な人に、
・健康な人は健康の達人になっていく。
理論と実際が一致（完成）したとはまだ言えませんが、かなりの程度、進んできています。

宇宙、そして全ての存在の根源が粒子であると同時に波である、という量子力学の認識が、きっと人間存在も肉体であると同時にエネルギー的、さらに霊的実在であるという認識をもたらすに違いありません。そのときに向かって、私は生きている限り、前を向いて歩いていきたいと思っています。


【2013年9月19日配信】

私の現代医学への不信は、どうやら的外れでもないように思えます。

もっとも矢山さんのような目覚めた医師がいるかぎり、いろんな問題が徐々に解決されて、正しい医療が行われるようになっていくのかもしれないとの希望は持っても良いようです。私はとても無理ですが、そんなに遠くない将来には、どんな病気も治せるようになってしまい、ついには「いつ死ぬか」を自分で選ぶ時代がくるかもしれません。

それはそれで、また悩ましいことだという気もしますが……。

第3章

国際社会との上手な付き合い方を考える

日本の戦争責任はいつまで問われるのか？

これからの日本を考えるには、やはり過去の歴史や日本の現状、国際情勢などを押さえておく必要があります。

現在の日本にいまだ大きな影を落としているのは、私たちがふつうに「戦争」と呼ぶ第二次世界大戦での敗北です。もっとも、すでに70年も昔の出来事で、戦後生まれの人たちには正直なところピンとこない話かもしれません。実際に、東アジア（中国、韓国、北朝鮮）を除いて、欧米や南米、東南アジア、アフリカ、アラブなど、日本列島の遠方に位置する国々からは、過去の戦争に対する日本非難はほとんど聞かれなくなっています。

戦争の傷跡をいまだ目に見える形で残しているのは、日本に近い三つの国々と、足元の日本国内（特に沖縄）です。

私は昭和8（1933）年生まれで、戦争が終わった昭和20年には12歳でしたから、戦地（戦闘現場）で戦争を体験したわけではありません。ただ、戦争末期には空襲にやってくるB29だけでなく、アメリカの戦闘機が頻繁に姿を現すようになってきました。

私は生家の近くを歩いていて、飛来した戦闘機に追いかけられたことがあります。

あわてて田んぼに飛び込むと、最初から子ども1人を狙い撃ちする気はなかったのでしょうか、急上昇して飛び去っていきました。敗戦に伴う価値観の大変化（天皇中心の国から民主主義国家へ）とともに、これは忘れられない戦争体験として残っています。

私より一回りも年上で、陸軍軍人として戦地に赴いた経験を持つ西郷竹彦さん（文芸学者）になると、私の体験など比べものになりません。戦争への複雑な思いを綴ってくれた、西郷さんの発信文（2013年8月22日配信）をお読みください。

【戦争と私の青春】

戦雲急を告げる日米開戦寸前の昭和十六年九月、私は熊本市郊外の菊池台地にある陸軍第三航空教育隊に召集された。

教育に当たる士官や下士官にくらべ、航空関係については、私の方がむしろ「専門家」であった。

彼らの指導する内容のお粗末さにおどろいたが、しかし、私は何も知らぬ門外漢をよそおっていた。そっけない私の態度から、彼らは何かを嗅ぎ取っていたのかも知れない。それに、私がときどき憲兵分隊に「要注意人物」として呼びだされていたことも、彼らにとっては胡散臭いことに思われたのであろう。

私は、ありとあらゆる私刑を受けた。

練兵場をぶっ倒れるまで何周も走らされた。両手に水桶をさげ、腕の感覚がなくなるほど長時間、不動の姿勢で立たせられたりした。外傷がつくとまずいのであろう、素裸にして背や尻をめったうちされたり、上靴でしたたかになぐられたりした。

みなが「制裁部屋」とよんでいた薄暗い被服倉庫で腕立て伏せや、往復ビンタなどをうけたりした。

隊では「上官の命は、朕の命と心得よ」といわれた。あるとき、あまりに愚劣窮《きわ》まる私刑に、私は「こんなこと（私刑）が、陛下のご命令でありますか？」といったことがある。さすがに相手は、たじろいだ。

こんな私の不遜な態度は、さらに彼らの憎しみを買った。私は、上の者からは「地獄の責め苦」を受けた。しかし、自分の部下を殴ったことは一度も、ない。

主義主張があってのことではない。私の父は薩摩士族出身の軍人だ。薩摩士族の教育に「弱い者いじめをするな」という鉄則がある。そのことが身についていたのである。弱い立場にある兵を殴るなどの行為は、私には極めてみにくい、あさましいものに思えたのである。

戦後になってのことであるが、私が、兵を殴ったことは一度もない、と言うのを信じられないという仲間達が、ある時、私の戦友の谷上幸男から「西郷は部下を殴ったことはない」ときいて、はじめて納得したと云うことがあった。

ことほど左様に、軍隊における私的制裁は、当たり前のことで、私のような例は、むしろあり得ないこと、と思われていたのである。

生死紙一重の体験をした人は戦争を礼賛しない

野間宏によって「真空地帯」と称された軍隊生活の「地獄」で、同郷出身の谷上と無二の戦友となれたことは、まことに、望外の幸せであった。

休日となれば、私たちは、他の多くの兵達のように、熊本市の遊里に足を踏み入れることはなかった。二十代の若者に性的欲求が無いわけではない。しかし、私たち二人にとって、本屋で買い求めた文庫本を手に、熊本城や水前寺公園などで、文学を語り、哲学に思いをめぐらすことのほうが、はるかに楽しかったのだ。

時間が惜しかった。公園の静かな一角が私たちの「学校」となった。

谷上は高等小学校を出ただけの学歴しかない人であったが、実に怜悧な人で、私に、数学や物理の基本を学びたいといい、私もこころよくその求めに応じた。

芭蕉の「唐崎の松は花より朧にて」の句の幽玄の美に、谷上がいたく感動したことも、昨日のことのように思い出される。

熊本の一年半は、私たちにとって、私的制裁《リンチ》の横行する地獄であり、監獄であった。しかし、同時にすばらしい学校でもあった。（中略）

一年半後、部隊の大半は南方戦線へ、残る我々の部隊は、朝鮮平壌の第一一三教育飛行隊へ転属となった（さいわい、谷上も、おなじ平壌の飛行部隊であった）。

後になって、暗号無線での情報として知ったが、南方へ向かった部隊は、船団輸送の途次、アメリカの潜水艇による攻撃で、撃沈、全員戦死、と聞いて……言葉を失った。人間の生死を分ける「運命」というものを痛感させられた……。（中略）

航空隊は平壌市郊外の、大同江の左岸にあり、川向こうは牡丹台という高台で、市民の憩いの場ともなっていた。

私たちの飛行場は、特攻隊の中継基地でもあったから、特攻機の編隊が、飛来しては、しばらく逗留し、また前線へと飛び立っていった。一度離陸すれば、ふたたび帰ることのない特攻機は、敵の戦艦に体当たりするまでの飛行にぎりぎり必要なもののみを残し、ほかのすべてをとり外して、「まるはだか」になって、飛び立って行くのである。

それは、いわば、ジュラルミン製の「棺桶」であった。

二十歳前後の紅顔の少年飛行兵達は、二度と帰らぬ戦線へと飛び立っていくにあたり、愛する人に当てた手紙を、こっそり我々に託していった。どのような思いを綴ったのであろうか。軍からの郵便はすべて検閲されることになっていた。

彼らは、私たちを「男」と見て、これらの手紙を託し、帰らぬ「旅」に飛び立っていったのであった。

戦争に「正義」というものがあるのか？

外出に際しては、立ち入り禁止区域というのがあった。

反日的朝鮮人の住民区域ということで、銃を持った軍人でも単独で行動することが危険とされた地域である。しかし私は、言葉には出来なかったが、そんな軍のあり方に対する妙な反感もあって、わざと立ち入り禁止区域に一人で出掛けたことがある。

すれ違う朝鮮人にじろじろ見られると気色が悪かったが、ある喫茶店に立ち寄り、コーヒーを注文した。

すると、店の主人が「よく、ここへ出てこられましたね」と、此方の顔色を窺うようにして言った。私は笑って、ただ、「来たかったもんだから」とだけ云った。主人は「なるほど」と言って、やや間をおいてから、「この辺は、危ないところですから……」と、独り言のように呟いた。

それ以来、私は、二度と、その町へ行くことはなかった。

休日の外出というと、私は、一人市内を歩き回った。ある時は、戦友にたのまれたものを探しにとか、知人への伝言を伝えにとか、その間に、何軒かの書店や古本屋を見つけ、立ち寄るようになった。何しろ陸軍は、英語は「敵性語」として使用を禁止した。たとえばプロペラは「空中推進器」と云え、といわれた。しかし、そのことを「下達」した隊長は、あいかわらず「プロペラ」といい、われわれは「ペラ」といった。

およそ「文化」というものから隔絶された「ばかばかしい」世界であった。

戦争は末期状態となり、新聞やラジオは「転進」また「転進」（実は「敗退」ということ）という報道を流していたが、私は、航空隊の無線班がキャッチしている情報で、敗戦の近いのを察知していた。

……それは、何とも聞き取りがたい天皇の「玉音放送」で始まった。「敗戦」ということは直観できた。部隊は、「無政府状態」となった。

私は、ひとり飛行場に出た。滑走路脇の草地に大の字に寝転んだ。八月半ばと言えば、北朝鮮は、秋である。赤いナデシコの花が、地に伏せた私の顔の廻りに、群れ咲いていた。澄み切った青空をただただ眺めていた。虚脱感というのか、物思うことも疎ましかった。

これまでの明け暮れの軍務のすべてが「むなしさ」としか思えなかった。

進駐してきたソ連軍の命により、滑走路の修復をすることとなった。

これまで毎日、我々に使役されていた朝鮮人労働者達の仕事ぶりは、何とも、とろとろして「怠惰」と形容する以外にないものであった。我々は「朝鮮人というのは、何という怠惰な民族であろう」と思いこんでいた。

ところが、なんと、打って変わった態度で働き出したのである。

我々は、その豹変ぶりに驚いた。彼らは、日の丸の旗をそのまま使って、四隅に易の紋を墨で書き入れた旗（今日、「太極旗」と呼ばれる意匠）を押し立てて、飛行場にやってきたのである。八月十五日の敗戦の翌日から、彼らは、自分たちの自由意志で、自分たちの目的のために、以前とは打って変わった仕事ぶりを見せたのである。

植民地化のもとにいた彼らと、独立後の彼らとの、意識の劇的な変化を見せつけられた。

……敗戦までの、わずか二年ほどの年月ではあったが、植民地化された朝鮮の現実と、その矛盾のなかを生きる朝鮮人の姿をまざまざとこの眼で見、この肌で知ることができた。この経験は、戦争体験とあわせ、その後の私の思想形成に大きな意味と役割を持っていたと思う。

かくて、一九四五年八月十五日、この敗戦の日を境に、私の人生は大きく左旋回することとなる。

【2013年8月22日配信】

米軍には何も言えない、と答えた日本国首相

例によって紙数の関係で、あらすじの紹介程度になってしまいましたが、それでも軍隊生活の悲惨さ、ことの善否はともかく若き特攻隊の純真、いまに残る朝鮮と日本の確執、そのほか戦争が生んださまざまな悲劇の一端を知っていただけたと思います。

戦後は戦後で、国際法上は何とか戦争処理を終える形をつけたものの、それでは済まない問題が多く残されています。その一つが、国内では「沖縄」です。

沖縄国際大学大学院教授の前泊博盛さんが、船井メールクラブに原稿を寄せてくれました。2013年8月15日（終戦記念日）に配信。前泊さんは、この終戦記念日についても少なからず問題がある、というのです。そのあたりの見解も含めて以下に紹介します。

【沖縄から「主権」を問う〜日本は本当に独立国家なのか】

「なぜ沖縄は米軍基地を拒否するのか」

――沖縄以外の都道府県の皆さんからは、そんな質問をよく受けます。「沖縄は産業らしい産業もなく、米軍基地のおかげで経済が成り立っている」「基地依存経済なのに、基地を拒否しているのは、政府から予算を引き出すためのパフォーマンスにすぎない」との厳しい見方もあります。また、「米軍の駐留は、日本の安全保障に不可欠で、核武装もできない日本にとって、米国の核の傘は重要な意味を持つ。沖縄の皆さんには申し訳ないが、日米安保の重要性から沖縄の米軍基地は必要不可欠」（小野寺五典防衛大臣）との日米安保の論理もあります。

一方で、沖縄からすれば「日米安保が必要だという割には、沖縄以外の都道府県は米軍基地を受け入れようとはしない」「国土面積の0・6％に過ぎない沖縄に、在日米軍の専用施設・区域の74％を集中させるのは、沖縄差別以外の何ものでもない」との批判もあります。

特に、日本の国民を護るためにいるはずの米軍が、犯罪を多発し、演習事故や環境汚染、爆音被害で沖縄県民の命を奪い、脅かし続けていることの「矛盾」を問う声が後を絶ちません。

市街地のど真ん中にある米軍普天間飛行場の「県内移設」に反対し、「最低でも県外」への移設を打ち出し、政権交代を果たした民主党の鳩山由紀夫代表は、首相に就任したあとで「学べば学ぶほど、米軍の抑止力は必要だ」として、県外移設の公約を撤廃し、県内移設に回帰して、首相を辞任してしまいました。

その後、鳩山氏はメディアのインタビューに対し「(県内移設に回帰した理由とした米軍の)抑止力というのは、方便といわれれば方便だったかもしれない」と、抑止力論をあっさりと否定してしまいました。

なのに、次の菅直人首相の後継となった野田佳彦首相は、「事故率が高く危険」とされる米軍の新型垂直離着陸輸送機MV22オスプレイの普天間飛行場への配備を「抑止力は必要」として強行しました。

沖縄では10万人規模の県民大会が開かれ、41全市町村長・議会をはじめ、県議会や県知事も強く反対を表明しました。

しかし、野田首相は「(オスプレイの配備について)どうこういう立場にない」とメディアに答えました。

日本の首相が、米軍に対してどうこういえないという実態を前に「日本は米国の属国に過ぎない」(ガバン・マコーマック国立オーストラリア大学名誉教授)という厳しい指摘に頷かざるを得ません。

日米安保が必要という意見が国民の大勢を占める中で、日米安保ののど元に刺さるトゲ（米軍普天間飛行場移設問題）を引き抜き、密接な日米関係の構築を図るためなら、沖縄以外にもどこか基地の移設を受け入れる地域もあるだろうと「普天間県外移設」を甘く見た民主党の誤算と、沖縄に戻せば丸く収まるという「差別」意識が、普天間問題をはじめとする日米安保問題、米軍基地問題の解決をより困難にしてしまいました。

他国には通じない日本だけの歴史認識もある

日本の「終戦記念日」は8月15日とされています。

天皇陛下の「玉音放送」によって国民が敗戦の決定を知らされたのが8月15日ですが、一部には「ポツダム宣言を受け入れた日」と誤解している人もいます。

ポツダム宣言を受諾したのは、前日の8月14日です。国会で受諾決議がされ、天皇陛下が御《ぎょ》名御璽《めいぎょじ》を証書に記しています。

では、本当に8月15日に戦争は終わったのでしょうか。

戦争相手の連合国側は「対日戦争勝利の日」は1945年9月2日としています。

その日は、東京湾上の米戦艦ミズーリの艦上で、日本と連合国の代表が「終戦協定」に署名をした日です。日本が国会でポツダム宣言を受け入れ、終戦（事実上の敗戦）を決めた日は、あくまでも日本側の節目であって、国際的には終戦協定に「署名」した日が終戦日となっています。ロシアは8月15日以降に北方領土に侵攻し、占拠しました。

これに対し日本は「日ソ不可侵条約に違反し、しかも敗戦後に侵攻・占拠した違法な占領」としていますが、ロシア側は「戦争中に占領した領土」と主張しています。その違いを知るためにも、「8月15日」の歴史的な意味、法的意味、国際政治的な意味をしっかりと検証し、把握する必要があります。

歴史認識の確認という点では、日本占領の終了を告げるとされている「サンフランシスコ講和条約」の締結・発効は、果たして日本の独立と主権の回復を本当に意味しているのか。その問い直しも必要です。

1951年9月8日、講和条約と同時に日米安保条約も調印・締結されました。

そして翌1952年2月28日に「日米地位協定」の前身となる「日米行政協定」が調印され、4月28日の講和・安保条約発効の日を迎えます。

安倍首相がいう戦後日本が「完全なる主権を回復した日＝講和発効の日」が、4月28日。ところが、その日を境に、小笠原、奄美・沖縄は「米軍統治下」に切り離され（切り捨てられ＝沖縄県民）ています。切り離された奄美、小笠原、沖縄は「日本の主権外」ということになります。

沖縄では「4・28」を「屈辱の日」として記憶され、記録されています。

国際法上は「失われた領土が元に戻った時が真の意味での終戦」との見方もあります。

その意味では、米軍統治下におかれた沖縄が返還された1972年5月15日をもって「占領の終了」という意見もあります。佐藤栄作首相（当時）が「沖縄の返還なくして日本の戦後は終わらない」と言った背景には、そんな状況も反映されていたかもしれません。

安倍政権が「琉球＝沖縄」の位置づけをあいまいにするような「4・28」を「完全なる主権回復の日」とする政府式典を開催したために、中国のメディアでは「そろそろ琉球の帰属問題について論議する時期に来ている」などとする論文が掲載されるなどの反響を呼び起こすことにもなりました。

沖縄は日本ですか？　との問いに、日本国民の中に「もしかしたら日本ではないかもしれない」という思いが心の片隅、頭の中にあるのかもしれません。それが、日本のテレビや新聞、雑誌の中に出てくる「沖縄独立のススメ」「沖縄は独立した方がいい」という発言や提言の源流になっているのではないでしょうか。

戦後68年を経過してもなお、沖縄からみると日本の戦後史はあいまいな点が多く残されているように見えます。

日米安保は日本を守るのか、属国化の手段なのか

サンフランシスコ講和条約と日米安保条約はともに1951年9月8日に調印されています。「機密保持のため」という理由で、和文はなく、国会での承認もないままに、署名後、ようやく国会で承認を得る形となっています。

講和条約は「日本全土基地方式」「基地の自由使用」という事実上、占領軍駐留延長を認める安保条約とセットとなっています。講和条約第6条には「連合国のすべての占領軍は、この条約の効力発生の後、なるべく速やかに、かつ、いかなる場合にもその後90日以内に、日本国から撤退しなければならない」とありますが、第6条後半部分で「その後結ばれる二国間もしくは多国間協定にもとづく外国軍隊の日本駐留を妨げるものではない」とあり、二国間協定＝日米安保条約とセットとすることで、占領軍の駐留継続を容認する内容となっています。

この内容を知った宮沢喜一氏（のちの首相）は「これでは独立する意味はないに等しい」（講和締結時のコメント）と批判しています。

米国側も安保条約の問題を認識していました。講和・安保締結の責任者の一人は「もし安保条約が署名されたら、日本側代表団の一人は帰国後、暗殺されることは確実だ」とさえ語って

います。

実際に、その安保条約の中身を調印直前に知った吉田茂首相（自由党）は「政治家でこれ（日米安保条約）に署名するのはためにならん。私一人が署名する」と他者の連署を拒否し、単独で署名したとされています。

（この隷属的な条約の締結によって）住民の自治権は否定され、「沖縄の自治は神話」（キャラウェー高等弁務官）とまで言い放つ軍政トップもいました。

その後、沖縄では「本土復帰運動」が盛り上がり「苛酷な異民族支配、米軍統治下から脱して、日本国憲法の庇護の下へ」というスローガンが、沖縄全土を覆ったとされています。結果として1972年5月15日に、沖縄は悲願の「本土復帰」つまり、施政権の日本移管を実現しています。

しかし、復帰後も沖縄では米軍犯罪や米軍演習による被害は多発し続けます。

復帰後40年間だけでも、米兵犯罪件数は5801件を数えています。うち、約1割（570件）が殺人、強盗、強姦、放火などの凶悪事件です。全国的にも知られた1995年9月の米兵による少女暴行事件もそのうちの1件にすぎません。米兵犯罪は復帰後40年間で、年平均145件発生している計算になります。しかも犯罪件数が「ゼロ」の年はありません。

米軍の実弾演習などによる原野火災も543件を数え、のべ3646万2856平方メートルの県土が焼失しています。

今年の8月5日にも米軍ヘリ墜落事故が起き、米兵1人が犠牲になっています。この事故を除いても復帰後の米軍機事故は540件。うち固定翼機（F15など戦闘機）事故は441件（うち墜落27件）、ヘリ事故は99件（うち墜落16件）を数えています。死傷者数は84人。死者・行方不明者は58人。

沖縄に集中する犯罪・演習被害に対して、日本政府も事件の度に「再発防止」「米軍の綱紀粛正」そして「過重な沖縄の基地負担軽減」を約束してきましたが、実際には兵力削減や基地の整理縮小はほとんど進んでいません。

それどころか、2012年10月には沖縄県民（全41市町村議会、首長、県議会、県知事）が反対を決議し配備に猛反対する中で米軍の新型垂直離着陸輸送機MV22オスプレイが、米軍普天間飛行場に12機配備され、爆音被害や演習被害を拡大しています。

沖縄を犠牲にして平和を享受する日本の罪

「属国」。卑屈な響を持つ言葉。英国出身の東アジア現代史研究家のガバン・マコーマック国立オーストラリア大学名誉教授は、現在の日本の政治状況や主権のあり方を、そう分析しています。

属国とは「従属国」のこと。「政治的・経済的に他国の支配に拘束されている国のこと」（広辞苑）を指しています。形式上は独立しているが、実際には他の強国に従属している国。広辞苑には「宗主国の国内法に基づいて外交関係の一部を独立処理し、他の部分は宗主国によって処理される国家」との説明もあります。

「属国」との表現を使われると、戦後68年を経った今でも日本はまるで「被占領国」とも言われているようです。

「日本は、というよりも政財官界のエリートたちは『属国』となって敢えて占領されることを選び、どんな代償を払ってでも占領者の機嫌を損ねず、占領状態が続くようにと固く決心をしているようだ。彼らは、最新の注意を払って、占領者が満足するような政策を探して採用する」状態になっているとも、マコーマック名誉教授は指摘しています。

高橋哲哉東大教授は著書『犠牲のシステム～福島・沖縄』（集英社新書刊）の中で、次のように表現しています。

「犠牲のシステム」には、犠牲にする者と犠牲にされる者とがいる。それは「或る者（たち）

の利益が、他のもの（たち）の生活（生命、健康、日常、財産、尊厳、希望等々）を犠牲にして生み出され、維持される。犠牲にする者の利益は、犠牲にされるものの犠牲なしには生み出されないし、維持されない。この犠牲は、通常、隠されているか、共同体（国家、国民、社会、企業等々）にとっての「尊い犠牲」として美化され、正当化されている。そして隠蔽や正当化が困難になり、犠牲の不当性が告発されても、犠牲にする者（たち）は自らの責任を否認し、責任から逃亡する」

その犠牲のシステムは、「原発ムラ」と「安保ムラ」で顕著で、福島と沖縄で、その実態を知ることができるといいます。

この国の犠牲のシステムが、戦後の代表的政治学者・丸山真男がいう「無責任の体系」を含んで存立している。無責任の体系の中で、原発は再稼働され、オスプレイは追加強行配備が決定される。決定する政治家も官僚も自分たちは安全な場所にいて、決して基地や原発の近くに住むことはない。その無責任の体系から、どう日本を解き放つか。「沖縄からは日本がよく見える」と言われてきました。

私は沖縄は「日本の民主主義のカナリア」だと思います。

米兵の犯罪の「抑止力」向上にも不可欠な地位協定改定には消極的、犯罪防止策は外出禁止令など場当たり的で一過性の対応、民意を無視して県民の命を危険にさらす欠陥機の強行配備、「負担軽減」の言葉の裏で爆音被害増大という負担増を強いる日米両政府。保革を問わず沖縄で「もはや全基地閉鎖・撤去しかない」という判断が出てきます。

沖縄が日本政府に問うているのは、日米安保は「何から何を守っているのか」という基本的な問題提起です。

権限のない制空権の行使を米軍に許す。国民の命を危険に曝してまで米軍駐留を維持し、米兵犯罪に対して弱腰な態度に終始し、不平等条約の改定にも政府が消極的な理由は何か。そんな不条理、理不尽な政治のあり方を沖縄が告発しています。安保・米軍基地問題は、決して「沖縄問題」ではなく「日本全体の問題」なのです。【2013年8月15日配信】

日本の「空」の問題については、前泊さんはANAなどの現場パイロットたちと交流があり、彼らの悔しい思いを綴ったメールなども紹介いただいたのですが、残念ながら掲載することができませんでした。確かに日本の空は、いまだ米軍に「占領」されています。

東京の空なども、成田や羽田離発着の民間機は、実に狭い航空路を米軍に遠慮しつつ使っているのです。

かつて東京都知事だった石原慎太郎さんが、アメリカに横田基地を返還してくれと発言したのは、東京の空を返せという意味でもありました。また、戦後しばらく日本が国産の旅客機をつくれなかったのは、もちろんつくる技術がなかったからではありません。アメリカがつくるのを許さなかったのです。

中国人・朝鮮人は日本人とはまったく違っている

続いて紹介するのは、(株) 李白社創業者の岩崎旭さんの発信文です。

以前は (株) ビジネス社の社長でした。私がぜひにと乞うて、来てもらいました (当時のビジネス社は船井総研の系列会社でした)。ビジネス社は、私のエポックと言える『変身商法』を出してくれた出版社でしたが、創業者が引退するタイミングに出資して船井グループに入ってもらったのです。いまは唐津隆社長の下、完全に独立した出版社になっています。

船井グループで、ビジネス社は赤字を出し続けました。

頭を痛めた私は親交のあった徳間書店の徳間康快《やすよし》社長に相談し、編集担当役員だった岩崎さんを社長として派遣してもらったのです。岩崎さんは編集畑一筋で、若いときはバリバリの取材記者として活躍した人ですが、経営面でも見事な手腕を発揮してくれました。ビジネス社の業績がみるみるうちにアップしていったのです。

徳間社長は「オレは著名な経営コンサルタントに、逆に経営コンサルティングをしてやった」と自慢していたといいます。認めましょう。

それはともかく岩崎さんの現場体験は驚嘆すべきもので、闇世界を含む多方面の情報に精通しています。今回は中国、韓国、北朝鮮、台湾について書いていただきました。戦争の問題を考えるには、この国の人たちの「正体」を知らなければなりません。2013年8月8日の発信文です。

【私が「体験」した中国・韓国・北朝鮮・台湾情報の真贋《しんがん》の見分け方】

『歴史・思想・宗教で読み解く　中国人の本性』（李白社刊　徳間書店発売）という本を出版した。著者は、副島隆彦さんと中国人の石平さん（2007年日本に帰化）。博識のお二人が丁々発止、ときには怒鳴りあい、ときには大いに納得し、延べ10時間強激論を戦わせたものを単行本としてまとめたものである。その前には『黄文雄（台湾）が呉善花（韓国）、石平（中国）に直撃　日本人は中国人・韓国人と根本的に違う』を刊行しており、このところ立て続けに中国、朝鮮ものを出している。

大学を卒業して入社したのが当時、中国文学では第一人者の竹内好《たけうちよしみ》責任編集の雑誌『中国』を刊行していた徳間書店だった。

社長の徳間康快は軟派の週刊誌『アサヒ芸能』から、現在再評価されてきている安部公房、瀬戸内寂聴（晴美）、花田清輝、吉本隆明ら純文学、思想書、北大路魯山人の陶器の写真集など手当たり次第に出版していた。

そして1974年。永田雅一率いる大映映画が倒産、社長として大映再建に取り組み、『君よ憤怒の河を渉れ』『黄金の犬』など次から次へと大作を発表。1982年には、日中国交10周年記念映画として『未完の対局』を製作している。

徳間はそれと並行して東光徳間という中国映画の関連会社を設立。中国の第五世代――文革以降、中国映画を製作した最初の世代――が製作した『黄色い大地』(陳凱歌監督、張藝謀撮影)、『子供たちの王様』(陳凱歌監督)『紅いコーリャン』『菊豆(チュイトウ)』(張藝謀監督)、ほか田壮壮らの作品を日本に紹介した。

なかでも若い女「菊豆」が染物屋のもとに嫁として金で買われていく、『菊豆』の制作費を工面。張藝謀(チャン・イーモー)を監督に起用している。この映画は1990年の製作で、まだ明時代の面影が色濃く残る風光明媚な黄山の麓でロケが行われた。

1990年といえば天安門事件の翌年。治安保護のため飛行機が全て禁止され、鈍行列車で延々片道3日間、公安に監視されながら徳間社長の名代としてロケ地に陣中見舞いした記憶がある。

天安門事件後、世界中の国が中国を非難しているとき徳間は、敢然《かんぜん》と中国を擁護し、黄山の僻地に張藝謀が希望する撮影用の染物屋(映画を見ていただければ解るが、それはおカネのかかった、しごく立派なセットだった）を作っている。

『菊豆』はその後、第63回アカデミー賞外国語映画賞にノミネイトされ、第43回カンヌ国際映画ルイス・ブニュエル賞を受賞している。

中国人には義理とか恩の概念はない？

その後も、張は2008年北京オリンピックの開会式と閉会式、北京パラリンピックの開会式の演出を担当し、陳は2006年『PROMISE　無極』で真田広之やチャン・ドンゴンらを起用し、この大作をものにしている。

徳間社長の中国にかける思いは井上靖の小説『敦煌』の映画化（1988年）で頂点に達した。中国の現地ロケは無論のこと、あの砂漠の地に「お城」を建ててしまったのである。この映画製作の裏話のいくつかを紹介すれば、おそらく中国人とどう付き合うべきかお分かりいただけると思う。

例えば戦闘場面でエキストラの解放軍兵士を使った場合、4000人を40万人に水増しして出演料を請求してくるといった具合だ。こんな例はごまんとあるが、一つだけ開いた口がふさがらなかったエピソードをあげておこう。

映画『敦煌』のラストシーンで、徳間は敦煌城を燃やし尽くして映画を終えることを考えていた。最後にクライマックスシーンを持ってきたのである。徳間は我々社員に、この最後の場面にかける思いを熱く語っていた。

ところが、である。いざ最後のシーン撮影時に、中国の要人たちがロケ地にやって来て三拝九拝して言った。

「徳間先生、城は観光用に使いたいので是非残してもらいたい。ついては、お礼に徳間先生のお名前を彫った大きなプレートを城に貼って、未来永劫残します」（中国要人）

ところで製作されたプレートの大きさはどれくらいだと思いますか？

なんと、縦2センチ×横4センチ、砂嵐が起これぱすぐにプレートが埋まってしまう城壁の一番下に埋め込まれていました（そういえば日本のODA援助で建設した北京国際空港も同じで、全く目に付かないところに日本からの援助で建設したという小さな小さなプレートがある）。

一事が万事、中国人の対応はこの調子で、今も昔も全然、変わっていない。

こちらが誠意を見せても、利用するところは利用し、骨までしゃぶりつくすというのが彼らの処世訓なのである。徳間社長はそんな中国人との付き合いにほとほと疲れたのか、その後、日中合作映画『国姓爺《こくせんや》合戦』——中国人を父に日本人を母にもつ実在の人物、鄭成功（国姓爺）が台湾を根拠地にして明朝の復興に尽くす物語——の話が、かなりいい条件で舞い込んできたときのことである。そのとき徳間社長は即座にたった一言。

「もう中国は嫌だ」

徳間社長は中国から一切手を引き、スタジオジブリを母体に宮崎駿監督らのアニメ映画製作にシフトしていくことになる。

そして時が過ぎ2000年9月、徳間社長が他界したときの事である。あれだけ世話（?）になっておきながら、第五世代の監督たちや映画関係者らからは、なんと弔電一本すら来なかった。少し下世話な話だとも思ったが中国人の本性を語るとき、どうしてもこれだけは述べておきたいと思いほんの一部を書き散らした次第である。

すべてを変えた2008年の労働契約法施行

比較的国境のないといわれる映画の世界でこの調子なのだから、実業の世界はさらにひどい。日本のマスコミはあまり報じないが、2008年の中国の労働契約法施行は日本の中小企業をかなり苦しめている。この法律の施行が決まるや外国企業は撤退戦略をとり始めた。とりわけアメリカの企業の逃げ足の速かったことといったらない。さすがビジネス先進国である。

この法律は労働者の権利保護と安定雇用を目的に施行されたものである。労働者にとっては吉報だが、外国企業にとっては新たに立ちはだかる中国リスク以外のなにものでもない。

労働契約法の内容の肝の一つ目は、企業が労働者を雇う際、勤務内容や報酬などを明確にして契約書を交わすことが義務付けられたこと。その契約は、勤続が10年に達すれば必ず交わさなければならない。

二つ目は、期限のある労働契約を2回交わした相手とさらに契約を更新するとき（つまり3度目）には、「無期限契約」を結ばなければならない。これは事実上の「終身雇用」への移行であり、契約終了時には退職金の支払いが義務付けられたのである。

この法律は中国企業や外資系現地法人などあらゆる企業が対象になった。

これを機に露骨（?）に中国撤退のスピードを加速させたのがアメリカ企業。これまで人件費が安い、中国は巨大なマーケットだなどと欲の皮だけ突っ張らせていた日本企業の多くは、この労働条件の激変をアメリカ企業のように撤退の潮時と考えなかったようだ。

当時のアメリカ企業の現地代表が「クレージー」と語っていたことをここで紹介してみよう。

「2008年1月1日以前は、労働者の自己都合による退職に対し、退職金の支払いは不要でした。

それが就労後1回目の契約更改更新、つまり最短で半年後の時点で労働者が辞める場合にも自動的に1年分の退職金（給与1ヵ月分）を支払う義務が生じるようになりました。これまでの法律では、雇用年数が10年以上に達した労働者に対しては、経営者の都合であれ、自己都合であれ、退職金を渡さなければなりませんでした。

それがいきなり半年になるわけでしょ。単純に計算すると20倍も労働者に対してゆるくなったことになります。これをクレージーといわないでなんというんでしょうか」

クラスター移転という過ちを犯した日本企業

日本企業、とくに電器・電子メーカーはこの20数年間で致命的な過ちを犯している。

それは関連企業が地理的に集中し、協力関係を構築する「クラスター（産業集積）」を10数年かけてほぼ全部を中国に移転してしまったことである。

これは単なる技術移転ではなく、クラスターごとの移転だから、移転した日本企業は部品製造、加工、最終組み立て、検査、欧米向け出荷の全てを、中国国内で自己完結できるようになった。しかし、その後、肝心要の日本でモノが作れなくなるという副作用が生じてしまったのである。

まさに今の電器・電子メーカーの不振を象徴しているような話ではないか。

長年、日本企業のアジア進出をサポートしている山田太郎参議院議員（みんなの党／当時）はこう歎《なげ》いている。

「コスト削減のためとはいえ、何もクラスターごと移転することはなかったんじゃないですか。おかげでせっかく東京大田区や東大阪で形成したクラスターは、跡形もなくなってしまいました。これが日本でモノが作れなくなった最大のポイントです」

日本のクラスターの、何を残して何を海外で作ればいいかを突き詰めて考えなかった電器・電子メーカーの自業自得といっては言いすぎか。

これに右へならえをしているのが自動車産業。その代表は中国のデトロイトと呼ばれる広東省広州市で、とりわけ黄埔《こうほ》地区を中心に進出してきたホンダ、ニッサン、トヨタ系の協力企業である。いつ電器・電子メーカーと同じ目にあうか戦々兢々《せんせんきょうきょう》としている。

この3社の中でいち早くインドネシアに軸足を移したのがトヨタ系だが、恐らくその判断は間違っていないと思う。

このほかにも、中国については「不動産バブル経済」「シャドーバンキング（影の銀行）」「雇用不安」「農民対策」「貧富の格差」「人民解放軍」「習近平の海洋戦略」など、いろいろ面白い話があるのだが、取り急ぎ直近の情報をお届けして中国の件は終わりたい。

シャドーバンキングの不良債権問題の「7月危機」はどうやら乗り切ったが、9月24日の決済日には3兆3000億ドル（330兆円）の不良債権が出てくる。

そのとき資金繰りに困ったらどうするか。もし中国政府が持っているアメリカ国債（1兆3000億ドル）を売却したとしたらアメリカの長期金利が上昇し云々……少なくともリーマンショックに匹敵する混乱が起こるかもしれない。おささ準備に怠りなく。

韓国・北朝鮮・台湾との正しい付き合い方

2013年3月5日のこと、北朝鮮が突如として「休戦協定白紙化宣言」を発表（?）した。簡単に言ってしまえば、朝鮮半島は昔の戦争状態に戻ったということである。この「白紙化宣言」が発表されてからの日本の朝鮮半島専門家やマスコミの対応ほど、今の日本の情報レベルと評論家の水準を端的に語るものはない（対中国も同じだが）。

あの「白紙化宣言」は大騒ぎして報道された割には、全く価値のないものばかりだった。

そのなかでも突出した例として、頻繁にテレビやマスコミに登場して「北朝鮮暴発説」をやたらと喧伝した、ある在日コリアン「P」について述べてみたい。

Pとは40年ほど前から面識がある。彼はそのころ、Kという芸能評論家の「パシリ」をやっていて、芸能人のゴシップを探し歩いては小遣いを得ていた。

そのPがある日突然、「朝鮮関係のレポートを出す」といって、Kのパシリを辞めてしまった。師匠筋のKの話によれば、北朝鮮関係からカネが出ているとのことだったが、Pに確認したことがないので真偽のほどは解らない。

そのPがテレビで、北朝鮮の「偵察総局部隊の強さ」「朝鮮半島での局地戦の可能性」を強調し、はては全面戦争の可能性まで匂わせたのである（もっともこんなことをテレビで語らせて、深刻ツラで肯《うなず》いている朝鮮問題専門家の大学教授らもアホである）。

しかし、本当の事情通たちは、PないしPと同席していた大学教授や評論家の話など、ハナから相手にしていない。

理由は簡単である。北朝鮮には石油がないからである。年間40万トンの石油しかない北朝鮮は、戦争どころか小競り合いも起こせない。いわんや、まともな演習など出来るわけがない。その証拠に北朝鮮の「〇〇記念日」のとき、マスゲームはやるが、軍事パレードはやらないではないか。

韓国軍と米軍はこの状況をよく知っているからこそ、繰り返し演習をしているのである。

大規模演習だけではなく中規模演習も取り混ぜて1年中実施している。北もこれにはほとほと困り果てている。相手が演習すれば、それ相応の準備をしなければならない。これははっきり言って軍事常識なのである。しかし、演習などしたらトラの子の石油を使い果たし、もし人民が暴動を起こしたときに戦車を動かせない。これが実情なのである。

ならばPはなぜ、日本のテレビや新聞を使って危機説を振りまくのか。

それは北朝鮮の脅威を声高に叫ぶことによって、国際法違反のミサイル・核実験から目をそらせるためであり、日本と米国は対話に応じるべきとの世論を作ろうと画策しているのである。はっきり言って北朝鮮の手先と断じてかまわない。

このように、いわゆる専門家と称する者にカネを渡し、情報操作をさせることなど、北朝鮮や中国はお手のものである。

戦前戦中の歴史をひも解けば、日本共産党がソ連からカネをもらっていたなどという話など、例をあげていけば枚挙にいとまがない。米国だってそうで、いろいろスパイ活動をやっている。日本だけですよ、馬鹿正直に何もやっていないのは。

今後の北朝鮮はどう出るか？

中国は北朝鮮に対して年間50万トンの原油をパイプラインで送っている、というか送っていた。

というのは、中国は北朝鮮に言うことを聞かせる道具に、石油を使っている。北にお灸をすえるときは、パイプラインの原油をストップさせる。北朝鮮の弱みを中国は熟知しているのだ。

国際エコノミストの長谷川慶太郎氏は「北朝鮮を事実上コントロールしているのは北京政府ではなく、中国解放軍の瀋陽《しんよう》軍区だ」と述べているが、いまひとつ真偽のほどは定かではない。ただ、これから述べる大慶油田はその瀋陽軍区の管理内にある。

長谷川氏は文革路線（毛沢東路線復活）をとる対米強行派の解放軍と、曲がりなりにも国際協調路線をポーズでもいいから取りたい習近平との主導権争いがあり、これまでは解放軍（瀋陽軍区）が優位に立っていたが、ここにきて習近平が巻き返してきたため、ここ最近は北朝鮮が大人しくなってきたと論評している。

つまり氏の説によれば、大慶油田の管理が解放軍から北京政府に移ったということである。従って、これから北朝鮮が6ヵ国協議などの諸条件を飲むようになれば、解放軍と習近平の権力闘争の軍配は習近平の勝ちと言うことになるのだが、さてどうか。

また重村智計《としみつ》早大教授は、くだんの「休戦協定白紙化宣言」は、中国が石油を止めたため、周章狼狽した北朝鮮がやむにやまれず発表したとしている。話は少し横道にそれたが、いずれの話も北は石油が逼迫しているということを示している。

中国から北朝鮮に送る大慶油田の原油は、質が悪く常温では固まってしまうため、パイプラインにはヒーティング装置がついている。中国は北にお灸をすえるとき、このヒーティングパイプを度々「故障」（わざと）させるのである。

しかし、重村教授がいう周章狼狽説には納得できない。なぜならば中国はこれまでも何回も原油をストップしているからだ。

長谷川説も重村説も、あくまでも自らが取得した独自の情報を分析し、述べているわけだが、このへんに情報の正確さを商売とする我々の出版業も成り立つわけだが、少なくともお二人は、Pやその同類の大学教授や評論家のような「北朝鮮脅威説」はとらない。

なぜなら、北朝鮮は石油がまるで不足しているという1次情報を持っているからである。

ただ「休戦協定白紙化宣言」など、国際社会への脅かしが失敗した北朝鮮は、これから6ヵ国協議にも開城工業団地の作業再開にも応じてくるだろう。あるいはほかの思いがけない軟化路線をとったり、条件によっては核を放棄するかもしれない。

もっとも核を放棄すれば即、金正恩体制崩壊を意味する。金正恩はその切羽詰った状況で、これからも間違いなく騒動を起こしてくるだろうが、軍事的な脅威は全くないといっていい。従ってPやその同類たちのホラ話に一喜一憂することはないのである。

度し難い韓国に振り回される日本

韓国との付き合いも、かれこれ40年近く前にさかのぼる。当時は朴正熙大統領（現大統領朴槿惠の父親。側近に暗殺された）が軍政を敷いていた時代である。

鹿島建設の総務課長氏が持ってきた「韓国の面白い人間を紹介するから一緒に行かないか」との誘いにホイホイ乗ったのである。あの頃、韓国に行くことは、即、妓生（キーセン＝朝鮮の芸妓）旅行に行くと思われる雰囲気があった。連れ合いが日本円をドルに換えに銀行へ行って、主人が韓国に行くからと告げたら「ニヤニヤわらわれた」そうである。

さらに日本のマスコミ（とくに朝日と毎日新聞はひどかった）は、当時の韓国は朴軍政下の独裁国家と決めつけ、悪の権化のような記事を書いていた（反対に朝日などは北朝鮮を世界の楽園と称揚し、その報道を信じた私の知り合いの在日コリアが北に渡り、3人ほど行方不明になっている）。

一方、岩波書店の月刊『世界』はT・K生の名で「韓国からの通信」を連載し、韓国の民衆がいかに抑圧されているかを述べていた。後にこの連載は岩波新書になり大ベストセラーになっている。T・K生とは、家永教科書裁判を支援した池明観《じみょんくわん》氏である。

戒厳令が敷かれて夜間外出禁止だとか、韓国を取り巻く状況はネガティブなものばかりであり、いささか気が重かったが、その総務課長氏が自民党の瀬戸山三男氏（当時法務大臣）の紹介状があるからというので、大船に乗ったつもりで渡韓した。

ところが行ってびっくり。確かに夜間外出禁止令が出ていたが、夜になると投宿したホテルのロビーに三々五々老若男女が集まり、朝までダンスに興じているではないか。

10日間ほどで2、3のホテルに宿泊したが、どのホテルのロビーも満杯で外出禁止令が解ける朝まで、みんなが楽しそうにダンスに興じていた記憶が今も鮮明に残っている。

ああ、これが自称進歩的文化人といわれている人たちがいう「暗黒史観」（朴政権の韓国は抑圧ばかりで、人々の生活は喜びも楽しみも何もない暗い社会だと、頻繁に強調すること）というやつかと、妙に納得したものである。

で、あのとき韓国で総務課長氏に紹介されて、現在も付き合っている「ある人」（生存中なので匿名）が語る韓国人観が日本人のどの評論家よりも正しいと思うので、ここに紹介させていただく。

「70年代の漢江《ハンガン》の奇跡までは、朝鮮人はアイデンティティーもなにもなく、ただひたすらなりふりかまわず働いてきた。80年代になって少し裕福になって回りを見渡したら、もっと裕福な日本がいた。我々から輸入した文明（古代の聖徳太子前後の話である）で大国になった日本は、我々に感謝しなければいけないのではないか。日本はとにかく韓国より下だと見下すことによって、韓国人はどうにかアイデンティティーを保っている。

従って日本のやることなすことが、全て気にくわない。だから70年代と80年代の韓国の日本観は違うし、さらに90年代から現在になると、もっと〝日本人憎し〟がエスカレートしてくるんです。もはや韓国人は韓国人本来のアイデンティティーを模索する気はなく、過激な反日によって一時的なカタルシスを得ているにすぎません。

ということは、韓国人に本来そなわっているはずのアイデンティティーが、裕福になるに従って逆に崩壊していっているということになります。そのへんの事情をうすうす感づいているのかどうか解らないが、そんな国家の閉塞状態を国民に悟らせないために、韓国ではマスコミ（韓国マスコミの右派は韓国政府の意向に、左派は北朝鮮政府の意向に配慮して、過激な報道をする傾向が強い）の日本叩きが一番強烈なんです」

現在の韓国人の6割は、おカネがあれば国を捨てて外国に永住したいと思っている（前述『黄文雄（台湾）が直撃　日本人は中国人・韓国人と根本的に違う』より、呉善花さんの発言）というから、もはや何をかいわんやである。

ならば韓国人のスケープゴートにされている日本こそ犠牲者ではないか。

お人好しで我慢強い日本で尊敬されるのか？

中国も韓国も、自らの体制や社会を維持するために他国を槍玉に挙げるのは常套手段だとしても、60年以上も前のことを蒸し返し、条約で決めたことも自分たちの都合の良いようにひっくり返し、まだとやかく言ってくる「隣人」との付き合いはもうほどほどにすべきであると、くだんの韓国人（ある人）は語りながらさらにこう付け加えた。

「ホント、日本人ってお人好しで辛抱強いね」

最後に、半世紀以上も台湾独立運動を担ってきた黄文雄氏の言に耳を傾けて、本稿を終わりたい。

「台湾は中国や韓国ほど反日的ではありません。中国と日本を両天秤にかけて景気のよいほうになびくのです。だから日本人はもっと現実に目を向けて甘いロマンティシズムに流されない、より現実的な国家戦略を立てないと生き残っていけないと思います。

よくアジア人同士戦わずなどと子供みたいなことを言う人がいますが、向こう（中国人）は自分たちのことをアジア人と思っていないし、韓国は日本のことを騒ぎ立てればいくらでもカネを出す打ち出の小槌くらいにしか思っていない。台湾で親日的といわれている哈日（ハーリー）

族にしたって、日本のアニメに好感をもっているだけのことで、何かの拍子ですぐ反日になることだって十二分にありうるんです」

【2013年8月8日配信】

岩崎さんの話はすべて実体験から出ているため、さすがに説得力があります。

中国、韓国、北朝鮮、台湾と並べると、私の注目はやはり中国です。中国については、この後すぐに述べていきますが、ここでは残る3国について少し触れておきます。

この3国は日本の統治下にあって終戦を迎えています。台湾は中国が日清戦争で負けた賠償金を支払えず、代わりに日本に割譲した「地域」です。残る2国は同じ朝鮮民族の国と捉えたほうが良いでしょう。かつて同じ状況に置かれていながら、いま台湾はむしろ親日的ですが、朝鮮民族の国、特に韓国は世界一の反日国です。

その反日ぶりは、常軌を逸している、と言っても過言ではありません。

原因については、岩崎さんも触れていますが、一つに歴史問題があります。清が欧米列強の侵略を許し、さらに日清戦争に負けるまでは、中国は名実ともにアジアの盟主でした。アジアどころか、世界の中心に咲く華の意味で中国（＝中華）と呼び、日本も多くのことを中国に学んできました。毛沢東が中国をメチャメチャにしてからは、むしろ中華の国の輝かしい遺産は、いまや日本により多く残っていると言えるかもしれません。

それはともかく、中国は中華思想（儒教思想の「華夷秩序」による）の国です。世界の中心に中国（華＝文化）があり、中国から離れれば離れるほど文化は薄くなって、遅れた野蛮人（夷族）が住むようになります。中国は夷族の国は、国として認めません。国と呼べるのは中国だけなのです。中国の手が回らないから、仮りに代わって統治を任せているだけなのだ、つまり周辺国はみな中国の地方政権扱いになるのでした。

その地方政権の中で、中国の次に偉いのはオレだ、と自負するのが朝鮮です。これを小中華思想と呼びます。小中華思想に酔った朝鮮民族にすれば、日本民族は永遠に自分たちの格下でなければなりません。中国が父、朝鮮が兄、日本は弟。兄に対する弟の無礼は何があっても許さない、というわけです。ただ、悲しいことにというか、滑稽なことにというか、現状では兄のはずの韓国が弟の日本に遠く及ばない……。

韓国はしょせん「五月の蠅」にすぎない

ともあれ韓国は、いまのままでは絶対に日本を超えられません。

なぜなら、歴史を直視できていないからです。韓国は日本からの激しい独立戦争を勇敢に戦ったと国民に教えていますが、そんな事実はありません。日本に植民地支配されたと教えますが、正確には「併合」です。併合の前に「保護国」化されています。保護国というのは「自分一人では国を保っていけないため、周辺の国に保護を受けて存続させてもらう」ほどの意味で、当時の国際社会では珍しいことではありませんでした。

当時は、日本が清国とロシアの2大国と立て続けに戦争をして、日本がともに勝利するという奇跡的なことが起きていました。韓国は事大主義（大に仕えて生きのびる）の国ですから、格下のはずの日本ではなく清国かロシアの保護国になっていれば、いまの日韓関係のような不毛のトラブルはなかったかもしれません。

しかし、日本が清国より、ロシアより戦争に強かったとなれば、韓国が保護国にしてもらうのは日本だと、国際社会も認めざるをえなかったでしょう。公平に見て、李氏朝鮮末期は話にならない没落国家だったようですから、朝鮮国民のひどい窮状を救うために日本が助けてやれ、というのが国際社会の総意だったはずです。

ところが、韓国では国際条約に則って保護国になり、そして併合されたこと自体を認めていません。交わした国際条約を「なかったこと」と国民に教えています。

いまは、そんなウソも通用するでしょう。しかし、ウソが巧妙ゆえに通用するのではありません。国際社会にとって韓国が興味の外だから通用するのです。こういう状況なら、国際社会も「あれだけ韓国が真剣に言うのだから本当だろう」ですませてくれます。

しかし、仮に韓国が日本も中国も抜いてアジアでトップの国になったとしたら、もうウソは通用しません。

本当の意味で韓国が国際社会の注目を集めたとき、興味を持って韓国の歴史認識を拝聴した世界の国々がどんな反応を示すでしょうか。韓国の歴史教科書を見て、世界の国々、特に東南アジアの国々が、果たして納得するでしょうか。明らかに無理です。

すでに国家宗教化したとさえ見える韓国の反日思想が改まらない限り、付き合っても日本に何ら益はありません。言い訳も、説得も、ムダです。

宗教の毒におかされた人に対しては、何を言っても徒労に終わります。ですから最低限の付き合いはしながら、しばらく静観するという姿勢が、対韓国にはいちばん適切な態度ということになるでしょう。

民主党の中には、竹島は放棄して韓国に渡したらいい、と言った議員もいました。韓国の歴史および、朝鮮民族の気質を知らないのにも、ほどがあります。

竹島を渡せば、今度は「対馬をよこせ」「島根県も韓国領土だ」などと言い出しかねません。もちろん、これにも歴史的な背景があります。対中国の尖閣諸島も同じで、尖閣の領有権を中国に渡してしまえば、今度は「沖縄も返せ」と次の段階に進むのです。平和ボケ日本の政治家は、実に能天気なところがあります。

いまのところ韓国は、文字通り「五月の蠅」であって、謝罪だ、賠償だと、五月蠅《うるさ》くはあるけれど、中国のような直接的な脅威にはなりません。

こうした歴史談義は、腰を据えて書くと優に一冊の書籍になってしまいます。このへんで韓国との歴史問題からはいったん離れ、中国の話に移ったほうが良さそうです。

世界が認めるアジアの盟主は中国

中国の話題は、勝仁社長が増田悦佐さんの『中国自壊　賢すぎる支配者の悲劇』（東洋経済新報社）を持参してきたのがきっかけで始まりました。これは良い本です。

中国には興味がありましたし、ちょうど、私の体調が悪くて原稿が書けないときはどうしようかと考えていたタイミングでしたので、では勝仁社長に必須ポイントを示して、ストック原稿をつくっておいてもらおうと考えました。

11月7日分は勝仁社長の代筆原稿を配信しましたので、こちらは12月以降のどこかで何らかの形で配信されるかもしれません。ここでは本書のために、勝仁社長が書き上げてくれた下原稿を参考にして、私の頭の中にある「中国論」を書いていきます。

【中国について考えてみる】

10月30日にアメリカの経済誌フォーブスが発表した「世界で最も影響力のある人物ランキング」で、ロシアのウラジミール・プーチン大統領がアメリカのバラク・オバマ大統領を抑えて1位になりました。これは財政の崖の問題で、政府機関が長期にわたって閉鎖に追い込まれるなど、昨今のアメリカの経済的な厳しさが原因になっているようです。

そして、3位が中国の習近平国家主席でした。

面白いのはローマ法王フランシスコが4位に入っていることで、日本ではほとんど報道されませんが、ソーシャルメディアを活用して貧困層に対する対策を積極的に推し進めていることなどが評価されたようです。

日本人は黒田東彦日銀総裁が39位、豊田章男トヨタ社長が44位、孫正義ソフトバンクCEOが45位、そして安倍晋三総理大臣が57位にランクインしました。アベノミクスを推進した黒田日銀総裁、およびトヨタとソフトバンクのトップが総理より上位にランクインしているところをみると、日本は政治的にはほとんど影響力を持たず、経済の分野ではまだ辛うじて影響力を残していることをうかがい知ることができます。

日本人がどう感じていようとも世界的にみてアジアの盟主は中国であり、中国の国家主席が世界で3番目に影響力のある人物であるというのが、現在の国際社会の現実です。私たちはまず、この現実をしっかり直視することから始めなければいけません。

みなさんが知る通り、中国は共産党の一党独裁国家です。

しかし、指導者層は本当に優秀なエリート層ががっちりと固めており、科挙（隋の時代に中国で始まった官吏登用試験）に始まる官僚制の良い面が、いまでもしっかりと機能しています。ちなみに、優秀なトップリーダーが機能している国はアメリカと中国が最右翼で、戦後のアメリカから押し付けられた教育制度でガタガタにされた日本は問題外です。

伝統的な貴族政治が優先するヨーロッパに比べても、登場してくるトップの優秀さは米中両国が飛び抜けています。優秀な共産党官僚たちが、社会主義政策によって周りに遠慮することなく政策を進めていく中国は、目先の問題に対応する強さにおいては、世界最強です。

なにしろ近年の中国は改革開放路線を採っており、つまり一党独裁体制で資本主義経済をやっているようなものですから、たとえば「ここに空港をつくるから、ただちに住民は立ち退け！」と命令すれば、逆らうのが怖くて住民はいっせいに立ち退きます。

これは実に楽なのです。日本なら成田闘争しかりで、立ち退き問題にまつわる莫大な時間とカネがかかり、ほかのどんな建設計画も決してスムーズにはいきません。

一握りの金持と大多数の貧乏人が住む国

中国の弱点は、優秀なトップの指示によって、秀才官僚が推し進める政策が、やがてバランスを欠いたいびつな結果を招くようになることです。

問題はいろいろ出てきます。日本のように選挙の洗礼を受ける民主主義社会で、かつ市場淘汰機能が働く資本主義経済の国なら、結果としてバランスが取れますが、社会主義社会で計画経済（共産主義国）だと、何でもできる代わりに、トップが優秀であればあるほど、いびつな結果を産んでしまう危険を孕《はら》んでいるのです。

その弊害が端的に現れているのがＧＤＰ構成です。２０１０年度の各国のＧＤＰの構成要素のうち、個人消費と総固定資本形成を比べた表を見てみてください。

《各国の個人消費と総固定資本形成の比較表》

表からは、先進国やＢＲＩＣｓ諸国などのように経済が発展してくると、通常はＧＤＰに占める個人消費の割合が高くなってくることが分かります。さすがにアメリカの71％は行き過ぎかもしれませんが、アメリカがこれだけ個人消費をしてお金を使ってくれるからこそ、世界中

各国の個人消費と総固定資本形式の比較

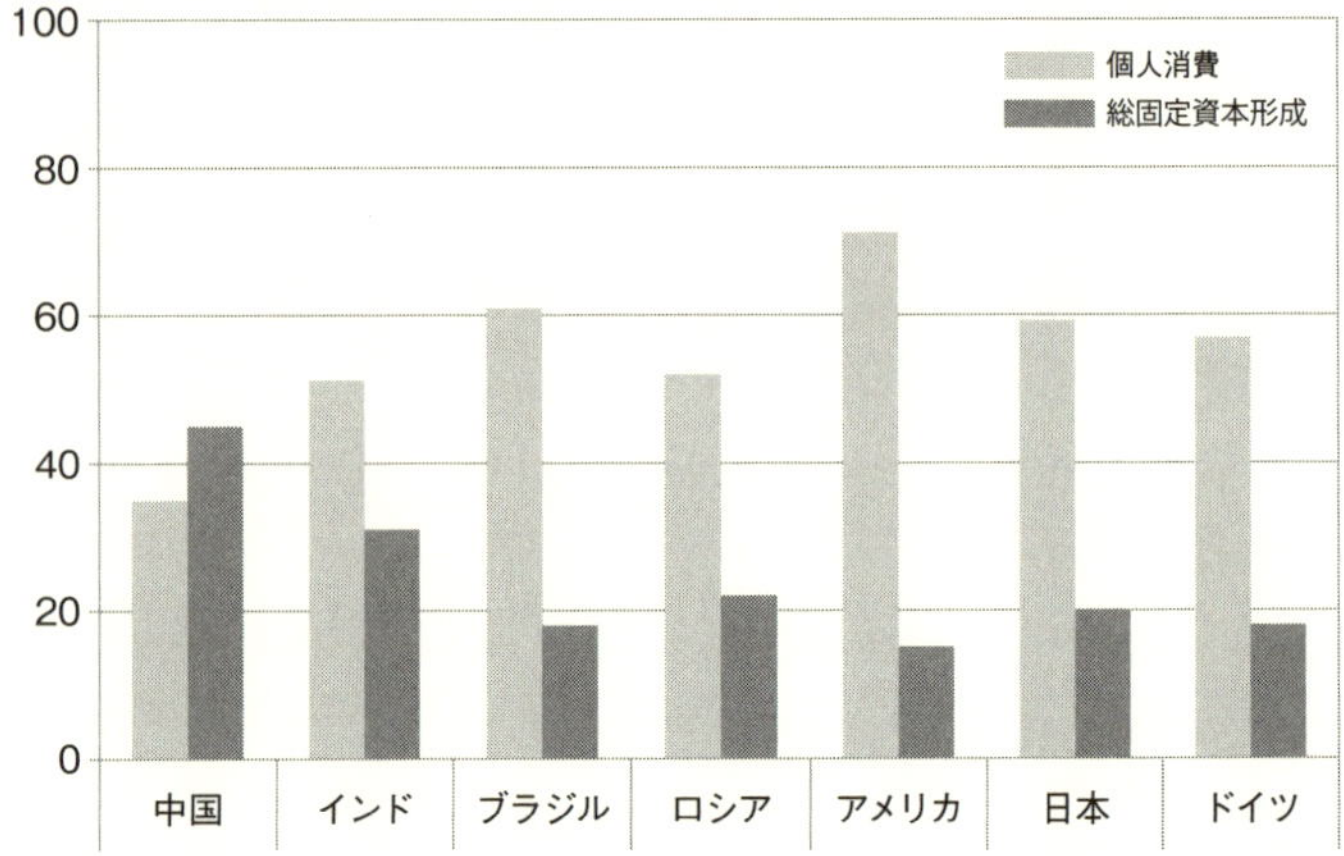

（Website：BRICs辞典を参考に船井勝仁が作成）

の国がアメリカに輸出をして稼ぐことができるという構図によって、世界経済が動いていることがよく分かります。

その他の国の個人消費をみてみても大体60％に近いところに集まっていて、これが先進国のＧＤＰ構成比の一番の特徴なのです。

しかし、中国だけは世界第2位の経済大国にもかかわらず、個人消費の割合が35％しかありません。これは、中産階級がほとんど育っていないことを意味しており、中国は一握りの金持ちと圧倒的な貧乏人の国だということが言えるのです。

そのうえ、中国のエリートはこれを改善するのではなく、この貧富の格差を固定化する政策を取っています。これだけの経済大国になったのにもかかわらず、これだけ高い総固定資本形成を維持しているのを見れば、こういう結論しか出しようがありません。

また中国では、鉄鋼石や銅などの資源の消費が尋常ではないぐらい高い割合になっており、極端に言うと目的なく建物をつくって、何も使わないうちにすぐ壊さないと出てこないような数字になっています。

社会主義国というのは鉄鋼の生産量が多くなるもので、ソ連も崩壊した後もしばらく鉄鋼の生産量は世界一を誇っていたそうです。それが、あまりにも優秀なリーダーが計画的に国を運営している中国では、特に極端な数字となって表われています。

完全に投資主導型の経済なのです。日本でいえば、かつての「何が何でも公共事業」の時代に相当します。

このケインズ経済学に沿った政策の是非については置くとして、日本で公共投資が見直され始めたのは、経済効果よりも政治家や高級官僚の公共事業をめぐる汚職が原因でした。賄賂、付け届け、接待、そのほか何でも当たり前の中国では、日本のように公共投資の有益性を見直す動きなど、ほとんどありえないでしょう。

暴走しなければ良いが……、と中国のために心配しています。

中国発の世界大金融ショックは秒読み段階

中国の一番の問題点が国有企業の存在です。

日本では親方日の丸と言って旧国鉄や電電公社、それに破綻する前のＪＡＬ等が批判されてきましたが、中国の国有企業はその比ではありません。国有企業に就職すれば一生食いっぱぐれる心配がない「鉄飯腕」と呼ばれる状態が保証されて、特権階級になれます。

国有企業は製造業全体の70％の労働者を雇用していますが、生産高が30％以下に過ぎず、いかに効率の悪い経営をしているかが分かります。しかし、国有企業はあらゆる面での優遇策があるので潰れるわけでもなく、しっかりと上場を果たし、株価も堅調に推移しています。資本主義経済であれば淘汰されてしまうような、効率が悪く利権にまみれている企業が、いつまでたっても優良企業として生き残ってしまうのです。

また、共産党の幹部や彼らが入る国有企業は絶対に安全で、しかも高給を保証することが経営の目的になっており、その意図が制度化されています。

一方で庶民、特に戸籍でも差別されている地方は厳しい状態に置かれており（それが国家目的なのだからどうしようもありませんが）、いつまでも貧しいままの暮らしを続けざるを得ない状況に置かれてしまうのです。

中国では、都市戸籍保有者と農村戸籍保有者は、まったく別扱いを受けています。それどころか、農村戸籍保有者が1人っ子政策に逆らって2人目以降の子どもを生んだ場合など、当局を恐れて届け出られなかったり、役所が届けを受理しなかったりで、戸籍を持たない人も多数いるようです。このような人たちは、文字通り人間扱いしてもらえません。

一部の特権階級が国を支配する形をつくるのが国家意志である以上、論理的必然として、中国での貧富の格差は果てしなく広がっていくしかないでしょう。

中国政府の経済政策にも、大きなほころびが出てきそうな気配があります。

例えばリーマン・ショックの時は、中国政府はいち早く金融緩和をして、公共投資や国有企業の設備投資を増やすことで、不況から立ち直ることができました。これは、とてもすばらしいことなのですが、その結果として過剰投資になってしまい、とてつもない資産バブルが生まれている可能性が極めて高い状態になっています。

前述の通り、中国の資源消費量は異常なほどです。

いまのところは、高度成長がそのすべての辻つまをなんとか合わせていますが、非常に危うい状態にあることは間違いありません。特に問題なのが、表面上の金利設定を自由にできない銀行融資を補う形で拡がっているシャドーバンキング（影の銀行）の存在です。

2012年末のシャドーバンキングの規模は、アメリカの大手格付け会社ムーディーズによれば4兆7000億ドル（470兆円）で、GDPの55％に達しています。いや実際にはもっと多い、5000～700兆円にのぼるだろう、との説もあるくらいです。

シャドーバンキングには大きく分けると2種類あります。一つは信託機関などのノンバンクが行う融資、もう一つは銀行が簿外で提供する金融商品です。後者はリーマン・ショックの原因になったアメリカのサブプライム・ローンの類であり、あれが破綻したときと同じような状況になっています。

習近平主席や李克強首相はこのシャドーバンキングの問題に真剣に取り組み、本気でバブル崩壊を阻止する姿勢を見せていますが、一歩間違えばリーマン・ショック以上のインパクトを与えるような経済的な衝撃を世界経済にもたらす可能性が高いと思われます。

（参考＝〝表バンク〟の総預金高は中国が1250兆円、日本は879兆円。総貸付額は中国900兆円、日本460兆円となっている）

中国では軍事費より治安維持費のほうが多い

日米欧の先進国は、本音はともかく少なくとも建前では、民主化を進めて貧富の格差を解消する政策を取ろうとしています。

しかし、中国には民主化に向かう気配はありません。特権階級となった共産党幹部は、自らの利権を守ることを最大の政治目的にしています。

例えば、清廉潔白なイメージのあった温家宝前首相の一族が27億ドル（約2700億円）の蓄財をしていたという報道を受けて、日本では彼でもやっぱりダメかという受け止め方をされましたが、中国ではたった27億ドルかという、バカにするような反応だったようなのです。中国人の考えでは、賢明ではない（＝愚か）の意味になる「清廉潔白な人」というレッテルを貼られてしまいました。

本当に貧しい状態の時は、多少の不正には目をつぶって、特権階級が政治経済を動かしていても経済発展はするのです。しかし、いままでの西洋近代主義の経験から生まれた常識では、持続的な経済発展のためには、やがて極端な貧富の格差が少なくなり、分厚い中産階級層が生まれることが必要不可欠な条件になります。

世界第二位の経済大国になったいまも、中国ではいっこうにそんな兆しはみえません。果たして中国は、それでも持続的な成長を続けていけるのかといえば、私には大いに疑問というか、はっきり言って無理だと思っています。

そもそも中国の最大の利点は世界最大の人口を抱えていることです。

それだけ大きなマーケットを持っていることになりますし、いまは貧しい多くの人口を抱えているということは、彼らが先進国並みの暮らしをするようになったときの、潜在的なマーケット規模はとんでもなく巨大なものになります。

しかもその貧しい人までをも含めて、みんな金銭感覚に優れているというか、お金にシビアであるという点は果たして困ったことなのか、あるいはこれも大きなポテンシャルにつながるのか、私にはいまのところ予測する自信がありません。

いずれにせよ、中国政府には13億の人民をみんな豊かにするとの発想はありませんので、この巨大な潜在パワーは宝の持ち腐れということになります。

しかも、チベット亡命政府のダライ・ラマ法王の存在が有名ですが、中国は多民族問題を抱えています。伝統的な中華思想があり、一方で少数民族が住んでいる地域には多くの資源があるという現実などから、民族問題の解決は難しそうです。一つのところで独立を認めると、連鎖的に独立の動きが止まらなくなるのは旧ソ連邦崩壊の時の現象をみても明らかで、中国政府としては絶対に容認できるものではありません。

しかし、社会主義や共産主義で統一できるほど、単純なことでないこともよく理解していると思いますので、南沙諸島や尖閣諸島の問題、そして何よりも台湾の独立や統一の問題を含めて、中国が抱えるきわめてやっかいな問題なのは間違いありません。

とはいえ共産党内部の政争の道具にさえならなければ、政府の首脳部にとって民族問題は、重要かつ処理を急がなければならない問題とは、さしあたりならないのだろうとも思います。

それよりも、中国政府が過敏になっているのは内部暴発でしょう。

よく中国の軍事費の増大が問題にされますが、その軍事費の額を上回っているとされるのが治安維持費です。中国政府にすればインターネット情報の規制も治安維持の一環ですから、未だに完全に自由になっている状態ではありません。しかし、それでも賢明で生命力に溢れている中国人のことですから、自分たちが本来享受するべき豊かさが、特権階級にすべて持っていかれている実態はよく理解していると思います。

それが反日デモなのか、とんでもない汚職が明るみに出ることなのか（何せ、温家宝前首相の蓄財が「たった」2700億円かというぐらいですから、数兆円規模の汚職が出てくるかもしれません）、とにかく13億人民が我慢の限界を越えて、何かのきっかけで政治闘争につながっていけば、中国崩壊という流れも十分に考えられると思います。

中国の内部事情から崩壊のXデーを予測する

内部に多くの問題を抱えたままで、共産党の強権的かつ賢い政策によって、急激に経済大国に昇りつめしまったのが、現在の中国です。

好むと好まざるにかかわらず、日本もアメリカも、韓国も台湾も、中国との経済関係は無視できないところまで深まってしまっています。中国崩壊となれば、日米が影響を受けますから、結果的に広く連鎖反応が起きて、影響を受けない国は世界に一国もないはずです。

やはりXデーを想定しておくことは必要でしょう。

中国の存在感というのは、単純なことと思われるかもしれませんが、まずは完全な独立国ということで担保されています。日本のように親分（アメリカ）がいません。前出の前泊さんの配信文（127ページ参照）でお分かりのように、日本はアメリカの属国と言われても仕方ない現状です。

日米地位協定があり、アメリカはいつでもどこでも好きなところに米軍基地をつくれるようになっています。アメリカ軍が事故を起こしても、それがどこであろうと捜査権はアメリカ軍にあり、日本の警察は関与できません。

2004年8月13日に、沖縄県宜野湾市の沖縄国際大学（前泊さんの大学です）にアメリカ軍普天間基地所属のヘリコプターが墜落した事故の時は、アメリカ軍が現場封鎖をして、日本の大学の敷地内にもかかわらず、日本の行政当局や警察、大学当局は一切捜査ができませんでした。安保闘争の時に、大学に逃げ込めば逮捕できなかったように、通常は大学には自治権が認められているのですが、それも完全に無視されました。

これは何も沖縄だけの悲劇ではなく、日本全国どこにでもアメリカ軍の都合でこのような行為は行えるのです。ですから、アメリカ国内では反対運動があってなかなか飛ばせないオスプレイが日本では飛ばしたい放題になっています。

ひるがえって、親分がいない完全な独立国というのは、中国のほか、アメリカ、ロシア、イギリス、フランス（以上は国連安保理の常任理事国）、ドイツ、インド、ブラジルなど、実はごく少数の国であり、これらの国の話し合いで国際社会が運営されているというのが、世界の現状を直視したときの現実なのです。

そして中国には、強大な軍産複合体が存在します。

習近平主席は中国共産党の総書記であり、党中央軍事委員会主席に選出されています。ですから、軍は中国国軍ではなく、共産党の人民解放軍なのです。軍を抑えているゆえに毛沢東も鄧小平も力を持っていました。それだけに軍のトップ官僚は、政治的な影響力も大変強いものを持っています。

人民解放軍は独自にビジネスもやっているようで、そういう意味では独立共同体のような側面も持っています。まさに、満州国が建国された頃の軍閥のような性格を、いまでも色濃く持っている組織なのです。習近平国家主席といえども、その意向を無視することはできないぐらい大きな影響力を持っています。

中国が崩壊するとしたら、バブルが弾けることなどが原因となるのではなく、先にも書いたように何かがきっかけで起こる政治闘争、つまり熾烈な権力闘争をやり過ぎたことによる内部分裂が、可能性としてはいちばん大きいと思います。それぐらい、人民解放軍の幹部を含めた優秀なる官僚たちの権力闘争には凄まじいものがあるようです。

まだまだ成熟した国にはほど遠い中国には、冷徹な現実として、暴力装置を持っている軍産複合体の力が誰よりも強いという現実があることを、まずはきちんと押さえておく必要があります。

中国人の民度の低さには理由がある

もう一つ視点を変えて言うと、中国は人脈国家です。

中国では人脈を大切にすることが法律よりも優先します。その意味で、中国は法治国家ではなく、人治国家です。しかし、中国には中国の倫理観がしっかりあり、それが理解できてしまえば、ある面とても分かりやすい国家かもしれません。

中国人の物の考え方は資本主義精神とはかなり違います。私が一番中国人のことを分かると評価している本は、小室直樹著『小室直樹の中国原論』（徳間書店）です。

この本によると、中国人は幇《ほう》（パン）を結んでいるかいないか、情誼《チンイー》が厚いか厚くないか、または厚くしたいと思っているかどうかで、物の値段が変わってきます。つまり「一物一価の法則」が成り立っていないので、先進国の人から見ると訳が分からないということになるのです。

ただし、日本もあまり人のことを言えた義理ではなく、契約ということの厳しさを分かっていないという点では、中国ほどではなくとも大差はありません。

簡単に言うと、中国人は仲間だと思った人には命がけで尽くしますが、そうでない相手には何をしてもいいと考えています。例えば契約において、一番大事な一度約束したことは周りの事情が変わっても絶対に守るという当たり前の論理が、中国人にはまったく通用しません。仲間でない人との約束はそれほど軽く考えています。

ですから、契約した時は売ろうと思っていたけれど、いまは事情が変わったので売れません。もし、どうしても欲しければもっと値段をあげて下さい、というようなことが日常茶飯事として起こるのです。

ですから、海外旅行している時などは、ほとんど仲間外のことなので、そこで倫理観を求められても訳が分からない、というのが中国の人の本音なのでしょう。逆に大事な仲間内では、それこそ命がけで約束は守るし、約束していないことでも相手のために徹底的に尽くそうとする、というのが中国人の倫理です。迷惑な話ですが、初めて行った外国では何をしてもいいと、中国人は当たり前のように考えています。

ここが理解できない日本人やアメリカ人には、中国人の余りの倫理観のなさにびっくりしてしまうことが少なくありません。

こうした民度の低さには、やはり辟易せざるをえませんが、中国は長い歴史があります。中国の歴史の本質を学ぶことができれば、中国のことが分かるはずなのです。幸い日本人は中国の歴史にかなりの知識を持っています。

長い歴史に根ざしていると考えれば、中国は世界で一番安定している国と言ってもいいのです。また、その歴史が世界のいまの潮流である西洋近代主義とはまったく違う倫理観で流れています。例えば、前述のように契約は絶対であるという資本主義の根本原理が分かっていません。この点からみれば、とても不安定な国であるとも言えます。

日本はアメリカの資本主義的な考え方も、中国の人脈を大切にすることに命をかけるという考え方も、両方分かる国です。

日本には、中国と世界をつなぐ架け橋になれる可能性があると思います。シビアで冷徹な中国人とお付き合いするのは大変ですが、隣にある超大国だという現実は変わらないわけですから、何とか付き合い方を考えていかなければなりません。

古代中国は文字通りの輝かしい中華帝国だった

経済評論家の朝倉慶さんは、中国の時代はもうすぐ終わり、マネーはこれからアメリカを中心とする先進国に戻っていく、つまり先進国の時代が来るという意見です。

一方で副島隆彦さんは、中国はこれからも世界のスーパー・パワーとして君臨していくと言っています。

2人はともに私が最も信頼する論客ですので、この正反対の見通しには苦笑いするしかありません。しかし、本音を言っておけば、中国に関しては朝倉さんの説を支持します。私は物事を判断する時に、副島さんの意見を大いに参考にしていますし、だいたいは素直に聞き入れるのですが、この点では珍しく対立意見となったようです。

しかし本来、私は中国が好きなのです。特に、毛沢東にメチャクチャにされる前の中国には、深い尊敬の念を抱いていました。中国は奥深いのです。

たとえば儒教思想などは、いまから約2600年前に生まれています。春秋時代と呼ばれる時代です。日本はまだ縄文時代でした。キリストが生まれる600年前で、キリスト教の教義にも儒教の影響が見られるそうです。それを発見した西欧の思想家は、儒教のことを「東方の太陽」と呼んでいます。

孔子が始めた古儒教に始まり、孟子の性善説、荀子の性悪説、そして墨子（兵家）、韓非子（法家）などを生み、さらに朱熹（朱子学）、王陽明（陽明学）と、儒教の教えは発展していきました。一方では、無為自然を貴ぶ老荘思想の流れがあります。

本来の中国人は、努力して人間的に成長しようとする思想（儒教）と、努力など空しい、人は大自然に身を委ねて生きるべきだという思想（老荘思想）とを併せ持ち、確かに理解するのが難しい人たちかもしれません。しかし、奥深いのです。

文芸の世界でも、司馬遷の『史記』を代表とする歴史叙述、李白や杜甫の詩、ないがしろにされてきたという小説にも『三国志演義』『水滸伝』などがあります。

日本などは、日本の基礎となるものすべてを、中国から学んだのです。名著『文明の衝突』で知られるアメリカのサミュエル・ハンチントン教授（文化人類学）は「日本は7世紀初頭に中華文明から離れ、世界に類を見ないただ一国による独自の日本文明をつくった」と評価してくれています。

7世紀というのは、おそらく聖徳太子が隋に送った「日出ずるところの天子、書を日没するところの天子にいたす、つつがなきや云々」の国書を指すのでしょう。

朝鮮ほかの周辺国は中国からもらった「王」号を名乗るのですが、日本（当時は倭国）は独自に「天子」（＝天皇）号を名乗ったわけです。これは当時としては大変なことで、日本征伐の名目にされても文句は言えません。中国との間に海があったから助かっただけです。あるいは、あまりのことに、隋の皇帝・煬帝さんが笑ってしまったのかもしれません。

ともかく聖徳太子の遣隋使から始まり、平安時代に菅原道真の建白によって遣唐使を廃止するまで、日本は熱狂的に中華文明を取り入れていきました。

日本の国の基礎は中国がつくってくれたのです。ただ日本では、朝鮮と違って中華文明を100％そのままには受け入れませんでした。いまに通ずる現象ですが、すべてを日本の実情に合うように改良して取り入れたのです。ある中国人が「韓国の儒教は『雨樋儒教』だが、日本の儒教は『水割り儒教』だ」と言っていたのを思い出します。

朝鮮は雨樋から流れ込むようにそのままの形で儒教を受け入れたが、日本は勝手な解釈を加えて日本流に変えてしまった、というのです。

中国は「働く者、食うべからず」の国である

こうして歴史を振り返ると、日本は中国に感謝しないといけないなあ……と、素直に思って

しまいます。

ただ中国と違うのは、日本には職人文化が花開いた（特に江戸時代から）ことです。これも日本流の文明輸入方式ならでは、の結果でしょう。儒教的な価値観からは、体を使って働く人は軽蔑の対象なのです。士大夫《したいふ》（科挙合格者）たるものは天下国家を論ずるのが使命だ、肉体労働は愚かな一般庶民に任せておけ、というのが儒教の絶対的な価値観になっています。かくして、士大夫層は高給をもらい、一般庶民は貧困のまま顧みられないという、現代で言えば、中国、韓国、北朝鮮のような国になるのです。

つまり、中国や韓国、北朝鮮では、働かざる者食うべからず、ではなくて「働く者は食うべからず」の文化なのです。これはもちろん儒教の誤った解釈ですが、現実にそうなっていると思うのは、私だけでしょうか。

日本には職人文化があったからこそ、いまのように技術立国になれたのです。

職人蔑視の国では技術は発達しません。中国や韓国の産業および経済成長は、日本などから核心技術を輸入しての「組み立て」製品によって成り立っているのです。ここを素直に認めてくれれば、中国や韓国ともうまくやっていけるようになるのになあ……と思うのですがどうでしょう。

儒教の悪い面を取り入れた国では、指導層の党争（派閥争い）が激化します。

中国しかり、韓国しかり、情報が少ないので断定はできませんが、北朝鮮もしかりでしょう。たとえば韓国の歴代大統領が、海外へ亡命したり、暗殺されたり、自殺したり、また収監されたりと、みな悲惨な末路をたどるのも、党争のメンタリティが過剰すぎる故だと思われます。

さらに言えば、韓国と北朝鮮の対立も、要は両班《ヤンパン》の党争なのです。

両班というのは、李氏朝鮮にあった身分制度の中の一階層で、言ってみれば「収奪貴族層」です。李氏朝鮮には、王族の下に両班（貴族や高級官僚）、中人《ちゅういん》（実務官僚）、常人《さんいん》（一般農民）、奴婢《ぬひ》、白丁《はくちょう》という身分制度がありました。特権階級の両班にとって、中人は使い勝手の良い道具、常人は収奪の対象、奴婢や白丁は人間ではない奴隷でした。

李氏朝鮮の両班は自分では歩くこともせず、奴婢や白丁に担がせた輿に乗って移動していたのです。

この身分制度は日本による併合時に撤廃されましたので、人口の30％以上いたという奴婢や白丁の奴隷層は、さぞかし喜んだことと思います。常人もそうだったでしょう。働いても働いても両班に貢がされ、食うものもなく痩せ細った状態だったようですから、同じく喜んだだろうなと思うのです。日韓併合を恨んだのは両班層だけだったでしょう。

かといって、日韓併合を無条件で礼賛しているわけではありません、念のため。

この両班を現代の韓国に当てはめれば、政府関係者、与野党政治家、高級官僚、財閥企業の経営陣、大学教授、マスコミ人、といった人たちのようです。この人たちは、どうやら一般国民のことなど考えてはいません。その時々の大統領（＝君臨する者）だけを見ています。そして彼、あるいは彼女の意向をうかがって動くのです。

私よりも、むしろ韓国人の憂国者たちが感じていると思いますが、彼らは自分の利益しか考えない、実にどうしようもない人たちです。

ところが、収奪にさらされている一般の国民も、かといって現状を変えようとは思っていません。自分も何とかして両班層に入りたいと思っているだけなのです。日本の明治維新のように、支配層（上級武士）がダメだから、オレたち（下級武士）が代わって国政を執る、といったダイナミックな変革は期待できないお国柄ということでしょう。

＊

中国や韓国は、儒教の「毒」におかされている、というのが私の結論です。

さらに言えば、この両国はいまだ〈支配・非支配〉の観念で国を治めています。こんな前近代的な発想のままでは、いつまでたっても「先進国」にはなれないでしょう。彼らはいまだ、そのことに気が付いていません。こういう国と付き合っていくには、かなりの徒労感がつきまとう、とは思いますが……。

それが押しなべて「国際社会」の現状なのです。

第4章

世界中が日本人の生き方に注目している

本章では、最初に二つの原稿を読んでいただこうと思います。1本は社会分析アナリストでコンサルタントの高島康司さんの発信文（2013年11月21日配信）、もう1本は勝仁社長と福島県飯舘村・菅野典雄村長との対談（2013年7月25日配信）です。

まずは高島康司さんの発信文です。

アメリカの覇権の凋落で日本は本当に自立できるのか？

アメリカの覇権の凋落は決定的となり、多極化した国際秩序が出現しつつある。これは、これまでアメリカの従属状態にあった日本にとっても、アメリカから自立するチャンスとなる。しかし、日本の自立は生易しいものではない。今回の記事では、日本の自立に立ちはだかる日本人の心理的な障害を詳しく見ることにする。

【本当の意味の独立国ではない日本】

実は日本という国は、外交や国防を自国の国益を前提にして展開できる本当の意味の独立国ではないのではないかという疑念はすでに多くの人々によって共有されるようになった。

それというのも、1945年の敗戦以来日本は、アメリカの核の傘に入ることで、独立国として存続するためのもっとも重要な条件のひとつである国防をアメリカに完全に依存しているからだ。その結果、日本はアメリカが東アジアにおける自国の国益を守るための拠点として位置付けられ、日本の国益を中心に国防や外交などの国家戦略を独自に展開することができなかった。日本がまず考慮すべきは、アメリカの国益とその世界戦略であったからだ。

この傾向は、1980年代のバブル以来幾度となく行われてきた日米の経済協議でも同じであった。日本は自国の国益を犠牲にしても、アメリカと同じような経済や社会の制度に変更すべきだという無理難題を丸呑みせざるを得ない状況が続いている。

大店法の規制緩和、土地税制の見直し、公共投資の拡大などの国内法の改革を要求した1988年の日米構造協議は、アメリカが日本の国内制度に手を突っ込み、改革を要求してきた典型的な事例であった。その後、日本の制度の改編を目的にした交渉と要求は続き、1994年から始まる「年次改革要望書」の送付となった。

【過去の事例、「年次改革要望書」】

「年次改革要望書」は2009年に鳩山政権による一時的な受け取り拒否があったものの、2010年の菅政権以来、「日米経済調和対話」と名称を変えて存続している。

ちなみに「年次改革要望書」で要求された以下のような項目が実施されている。

・1997年　独占禁止法改正、持株会社の解禁
・1998年　大規模小売店舗法の廃止、大規模小売店舗立地法の成立、建築基準法改正
・1999年　労働者派遣法改正、人材派遣の自由化
・2002年　健康保険の本人3割負担導入
・2003年　日本郵政公社成立、郵政民営化の開始
・2004年　法科大学院の設置と司法試験制度の変更、製造業への派遣労働の解禁
・2005年　日本道路公団の解散と分割民営化
・2007年　外資系の子会社が日本企業を買収できる三角合併制度の施行

バブル期まで日本は、終身雇用制と年功序列によって安定した雇用が保証され、国民の多くが中流意識をもつ状況だったが、上のような大胆な改革によって雇用が不安定となったため、働く人々の所得は減少した。かつてなかったような格差社会の到来である。これが国内の消費を減らし、長く続くデフレの原因になったことは周知の通りだ。

一方この改革によって、外資系企業の参入が促進され、外資系による日本企業の買収がこれまでにないペースで進んだ。これを見ても、「年次改革要望書」の目的がアメリカ企業が日本市場に参入できる領域の拡大であったことは明らかだ。

【日本内部の協力者】

もちろん、「年次改革要望書」の受け入れによるこうした改革が、アメリカ政府の圧力によって一方的に実現していたわけではない。日本の政治家や官僚組織のなかには、アメリカとの近い関係を利用して影響力の拡大をねらうグループが多数存在している。外務省そのものがそうした省庁のひとつだ。

こうしたグループは、「年次改革要望書」を積極的に推進することで、政治的な影響力を拡大する手段として利用したという経緯もある。「年次改革要望書」による改革は、日本側に協力するグループが存在して実現したということだ。その意味では、「年次改革要望書」の受け入れとそれによる制度改革は、アメリカと日本の特定の協力者による共同プロジェクトであったということができる。

これはアメリカが、日本の権力構造の奥深く介入し、日本を背後から操作できるということでもある。この状況は、孫崎享氏や植草一秀氏などの労作で詳しく知ることができる。

もちろんこのような状況は、現在の安倍政権でも続いている。アメリカ政府は日本がＴＰＰに参加するための条件として、「日米並行協議」への参加を求めてきた。多国間協議であるＴＰＰに対し、「日米並行協議」はあくまで２国間の交渉である。ここでアメリカ政府は、ＴＰＰでは実現できない要求を日本に突き付け、これを年内に妥結しようとしている。

「日米並行協議」の具体的な要求内容は公表されていないので分からないが、米通商代表部（USTR）が出している「非関税障壁報告書」の2013年度版が要求されている内容に限りなく近いと言われている。

安倍政権はこうした要求内容をすべて丸呑みするようアメリカから強い圧力をかけられている。このように、日本がアメリカとの交渉で一方的に守勢に立たされる状況、つまり隷属的と言ってもよい状況はいまも続いている。

【アメリカの覇権の決定的な凋落】

他方、このような状況のなかでも、アメリカの覇権は影響力を失い、凋落の決定的な時期に来ていることもたしかである。

ロシアの仲介によるシリア攻撃の回避、債務上限引き上げ法案の可決難航で繰り返されるデフォルトの危機、歴史的に前例がないほど長期間に及んだ連邦政府の閉鎖などがその明白な兆候だ。

これは、茶会派のような極端なイデオロギー集団にアメリカの政治が占拠されてしまい、民主主義による正常な意思決定の過程がもはや機能しなくなっていることが背景にある。

そのように、まともに国内政治が機能しない国が、政治や経済の国際秩序を維持する覇権国になれるはずはないという疑念が、いま世界各地で湧き上がっているのだ。

今回のシリア攻撃の回避がよい例だが、国際秩序を維持するために国際紛争に軍事的な介入が必要な場合でも、国内の反発で介入が実質的に不可能になることもある。

アメリカの覇権が凋落しているという認識は、諸外国だけではなく、アメリカ国内の一般的な空気にもなっている。

ほころぶ軍事的な覇権と孤立を望むアメリカ国民

このような状況のなか、現在アメリカの覇権を維持する唯一の基盤となっているのが、圧倒的な軍事力だ。アメリカの国益が損なわれていると判断した場合、必要であればたとえ単独でも圧倒的な軍事力を行使する意志を示し、アメリカの要求を押し付けることができた。アフガン戦争とイラク戦争などはそうした例である。

アメリカのこの圧倒的な軍事力を恐れて、どの国もアメリカの国益と意志を尊重しなければならない状況にあった。躍進が著しい中国や、ソビエト時代の勢力の回復を目標にするロシアのような大国でさえも、アメリカの利害には神経質にならざるを得ないのである。

しかし、今回のシリア攻撃反対ではっきりしたのは、米国民は、アメリカの覇権維持のために軍事力の行使ではなく、むしろ覇権を放棄して世界の関与から身を引き、経済大国として孤立する方向を望んでいるということだ。

シェールオイルやシェールガスでエネルギーの自給が可能となり、また3Dプリンターなどの第3次産業革命によって製造業が息を吹き返しているいま、食料の自給率は最初から高いのだから、世界から孤立し、国内に籠《こも》るべきだという世論である。

このような世論は強い。こうした世論の傾向が今後もかなり続くとすると、アメリカが覇権と米国主導の国際秩序を維持する必要から軍事力を使うことは、簡単にはできなくなる。

【パンドラの箱が開けられる？　抑圧されたものの噴出】

このように、いまは、アメリカの覇権の最後の基盤となっていた圧倒的な軍事力が覇権維持のためには使えない状況になっている。

また、今年（2013年）の3月に「財政の崖」のスイッチが押されてしまい、毎年8％の国防費が削減される。このため、アメリカの軍事力そのものの規模の縮小が行われる状況にもなっている。アメリカの覇権の本格的な凋落の段階に入ったのだ。

しかしこれは、アメリカの政治的・軍事的覇権の緩みによって、これまで管理され、抑圧されてきた多くの国々や社会集団の野望や怨念などが、表面に現れるようになってきたことを意味する。

アメリカの覇権の後退は、東アジアと東南アジアの地域的な覇権国になることを目指している中国にとっては、これを実現する大きなチャンスであろう。また世界的な覇権国であったソビエトの栄光の回復を目指すロシアのプーチン政権にとっては、国際的な影響力を拡大し、中央アジアの地域覇権国となる最大の機会となろう。

日本が自立する絶好の機会

日本にとってもアメリカの覇権の凋落は、自立する大きなチャンスである。先に書いたように、戦後長い間日本は、アメリカの実質的な従属国のような状態におり、日本の国益を優先した外交や政策を展開することができなかった。しかしアメリカの覇権が凋落して、アメリカが自国に閉じこもり、世界との政治的、軍事的なかかわりを大きく減らすことは、日本が自国の国益を優先した独自な外交と政策を展開できる機会が大きくなることを意味する。つまり、アメリカに依存し、アメリカに従属した状態から自立し、本当の意味で独立国家になるチャンスがやっと到来したということだ。

自立した日本を求める願いは、保守、革新、リベラルを問わず日本のあらゆる政治党派の長年の夢であった。日本人自らの手で制定した「自主憲法」は自民党の長年の目標であったし、アメリカの影響力には依存しない「自主独立外交」は、革新とリベラルの夢でもある。日本の自立は、政治的な党派を越えた国民的な悲願であるといっても言い過ぎではないだろう。

いまアメリカの覇権の凋落で、世界はこれまで抑圧されてきたものが噴出する時代に入った。日本で噴出してくる抑圧されたものとは、こうした自主独立への思いであるはずだ。

【日本の自立は簡単なことではない】

だが、日本がアメリカから自立することは本当に可能なのだろうか？　戦後の歴史を振り返ると、そうたやすいことではないことが分かってくる。

実は、日本のアメリカからの自立を阻んでいるものはアメリカそのものではない。我々日本人の意識にあるアメリカに対する強い依存心こそが自立を阻むもっとも大きな要因なのである。戦後の日本人の集合意識には、アメリカを親のように慕い、いつまでもアメリカの保護に甘えるという強い依存心が組み込まれてしまっているのだ。この集合意識の依存心を抜け出さない限り、日本の自立はないと言わねばならない。

しかし、このように言ったとしても、これがどういうことなのかぴんと来ないかもしれない。この意味をはっきりさせるためには、日本という国の建国にまでさかのぼり、この国のアイデンティティーを明確にしなければならない。アメリカへの依存心は、日本の国家としてのアイデンティティーと不可分な関係にあるからだ。

日本の建国までさかのぼると聞くと、悠久の神話の時代にまで遡るような印象をもつが、実はそうではない。日本は、1952年に発効したサンフランシスコ講和条約によって独立を回復し、国際社会への復帰を果たした非常に新しい国なのである。日本という国の領土の範囲やその他のアイデンティティーは、この条約にすべて定められている。

周知のように日本は、1945年のポツダム宣言の受諾をもって無条件降伏し、国家としての主権を失い、アメリカの占領下に入った。

これはいわば、アメリカの保護国か植民地になった状態だ。この占領状態を終結させ、日本の主権を回復させた条約こそ、サンフランシスコ講和条約だ。だからもし、日本かアメリカがこの条約を破棄した場合、いまでも日本は主権を失い、アメリカの保護国に戻ることになる。国家としての独立は破棄されることになる。

ちなみに、サンフランシスコ講和条約には、日本の領土の範囲が具体的に規定されている。そこには、千島列島（北方領土を含む）の放棄は明記されているものの、尖閣諸島や竹島の扱いに関しては明記されていない。これが、これらが日本の固有の領土であると強く主張できる根拠が弱く、そのため領土問題を複雑にしている理由だ。

GHQがつくった日本のかたち

だが、日本の主権を回復させ、独立を保証したのがサンフランシスコ講和条約だとしても、日本という国のかたちを決定したのはこの条約そのものではない。その前に、マッカーサーが率いるGHQが決定したと言ってもよい。

どういうことかというと、日本は万世一系の天皇を象徴に置いた立憲君主制の国であるが、日本のこの政体が、第二次世界大戦後も存続できることを保証した存在こそ、GHQであったということだ。

当初、中華民国、ソビエト、オーストラリア、イギリス、オランダなどからなる占領国の極東委員会は、天皇を戦争の意思決定の最高責任者として裁判にかけ、処罰の対象にする構えであった。裁判の結果によっては死刑、もっともよい場合でも退位させることを考えていた。

そして天皇制については、存続の可否を日本国民の投票で決定することを提案していた。これがすべて実行された場合、状況次第では、天皇制は廃止され、日本は共和国になっていたかもしれない。

【天皇の存続を支持し、幻想を作ったGHQ】

一方、日本を占領することになったGHQは、日本を占領し、日本人を統治するためには、天皇の存在は不可欠だと考えた。日本人は権威には盲従する国民なので、天皇を存続させ、GHQの命令を天皇を通して遂行すれば、日本の占領はかならずうまく行くと考えたのだ。このような考慮から、昭和天皇を一切の戦争責任から免罪し、天皇制を温存できる方策を考えた。それが、加害者ではなく被害者としての天皇のイメージの形成である。

【昭和天皇の発言？】

GHQは、日本の軍部と政治家を裁くための法廷である東京裁判で、天皇の戦争責任については、あえて一切の具体的な調査をしないように命じた。昭和天皇の存続を希望していた日本政府もこれに全面的に協力し、天皇の戦争責任は問わないことにした。

そして、そのようにしながら、天皇が作戦の意思決定にはまったく関与せず、軍部に利用された被害者としてのイメージを全面に押し出した。

マッカーサーは天皇と10回ほど会見し、そのうち3回の会見記録が公開されているが、最初の会見では昭和天皇が次のように発言したとされている。

「私は、国民が戦争遂行にあたって、政治、軍事両面で行った全ての決定と行動に対する、全責任を負うものとして、私自身をあなたの代表する諸国の裁決にゆだねるためにおたずねした」

これに対してマッカーサーは次のような感想を書いている。

「私は、大きい感動にゆすぶられた。死を伴うほどの責任、それも私の知り尽くしている諸事実に照らして、明らかに天皇に帰すべきではない責任を引き受けようとする。この勇気に満ちた態度は、私の骨の髄までも揺り動かした。私はその瞬間、私の前にいる天皇が、個人の資格においても、日本の最上の紳士である事を感じ取ったのである」

昭和天皇のこの発言は、戦争遂行の意思決定には拘わっていないので責任がないにもかかわらず、国家を救うために一身を投げ打った大変に勇気ある行為として受け止められ、被害者としての昭和天皇の威信を高めた。

だが、昭和天皇の死後しばらくたって発表された実際の会見録では、このような発言は存在せず、これが天皇の存続を強く望んだマッカーサーの作ったものである疑惑が出てきた。このような経緯で、被害者としての昭和天皇像ができあがっていった。

【被害者としての日本国民、加害者としての軍部】

ＧＨＱが戦略的な観点から作成したと思われる可哀想な被害者としての昭和天皇像は、日本国民の意識にも大きな影響を及ぼすことになった。

明治憲法では日本国民は天皇の臣民である。だとすると、天皇と同じように日本国民も戦争の一方的な被害者であることになる。

では、戦争のすべての責任を負う立場にいるのはだれなのか？

それは、軍部と一部の政治家である。この集団こそ、天皇と日本国民の意志を裏切り、日本を戦争へと引っ張っていった張本人であり、すべての責任を背負わなければならない存在だとした。

ＧＨＱは、「私は天皇の意に反したことを行ったことは一度もない」と主張する東条を、天皇を守るために命を捧げるように説得し、責任を取らせたのもＧＨＱである。

【ＧＨＱを解放者として歓迎した日本国民】

昭和天皇と日本国民を戦争の被害者とし、軍部と一部の政治家に一方的に戦争責任を押し付ける、天皇を守るためにＧＨＱが策定した構図を、当時の日本国民は熱狂的に支持した。

それというのも、占領当初から日本国民は、戦争を引き起こし、自分たちを苦しみのどん底に突き落とした軍部を憎んでおり、占領軍こそ、軍部を崩壊させ、日本国民を救ってくれた解放者として歓迎したからである。

占領の始まった１９４５年から４年後の１９４９年まで、日本国民からマッカーサーに送られた手紙は45万通近くに及び、そのほとんどがマッカーサーに対する感謝の手紙だった。なかには、マッカーサーを曼陀羅に描いて神格化し、毎日拝んでいるというものまであった。

このように、占領軍を解放者として歓迎する日本国民から見ると、昭和天皇と国民を被害者とし、軍部を一方的な加害者とするGHQの構図は、まったく自然に受け入れられるものであったのだ。要するに、昭和天皇と日本国民は、軍部と政治家にだまされたという意識である。

【意識からは除外された加害者としての立場】

しかし、天皇の軍隊である皇軍が、アジア諸国で行った虐殺と破壊行為は、歴然とした事実として存在している。日本軍の残虐さは、ナチスドイツの捕虜収容所における収監者の死亡率が4%であったのに対し、日本軍のそれは27%に上っていることからも明白だとされている。

いまだに日本は、これが原因でアメリカ、オーストラリア、イギリスなどの国々と感情的なわだかまりが残っている。外務省はこれに対処するために、「草の根平和交流招へい」というプロジェクトを実施し、毎年これらの国々の戦争捕虜を日本に招いて政府の費用で歓待し、外務大臣自らが直接面談して、戦時中の残虐行為を謝罪している。

これに「草の根平和交流招へい」という漠然とした名称がつけたのは、中国や韓国などの日本軍の被害にあった周辺諸国から文句がこないように、内容を分からないようにするためだと見られている。

当然、当時の日本国民は、アジア諸国で大変な殺戮と破壊行為を繰り返した日本軍に従軍し、またこれを銃後で支えたわけだから、加害者としての側面が存在することは疑いようもない。

しかし、昭和天皇と日本国民を、軍部にだまされた一方的な被害者であるとした意識からは、アジア諸国に対する加害者としての意識は完全に排除され、抜け落ちることになった。

【保護者としてのアメリカ】

さらにＧＨＱは、昭和天皇と日本国民の被害者化、軍部の一方的な加害者化の構図を推し進めるだけではなく、アメリカの従順な保護国としてアメリカの世界戦略に組み入れるために、厳しい検閲を実施した。以下は、ＧＨＱの占領期に実施されていた検閲の基準である。これに少しでも違反するものは、出版も放送も禁止された。

・ＧＨＱに対する批判
・東京裁判の批判
・ＧＨＱによる憲法起草に対する批判
・検閲制度への言及
・アメリカ合衆国に対する批判

・ロシアに対する批判
・イギリスに対する批判
・朝鮮人に対する批判
・中国に対する批判
・その他の連合国に対する批判
・連合国全般に対する批判
・日本降伏後の、ロシア人および中国人による日本人戦争捕虜および民間人の取扱いに対する批判
・連合国の戦前の政策に対する批判
・第三次世界大戦への言及
・ソ連対西側諸国の対立についてのコメント
・戦争擁護の喧伝
・神国日本の喧伝
・軍国主義の喧伝
・国家主義の喧伝
・封建的価値の賛美

・大東亜共栄圏の喧伝
・戦前の日本の全般的な喧伝
・戦争犯罪人の正当化あるいは擁護
・連合軍兵士と日本女性との親密な交際

こうした検閲のもとで、日本国民を軍部の弾圧から解放してくれたＧＨＱ、およびアメリカに対する称賛と賛美、そして戦前の日本に対する自己否定と嫌悪の感情が作られた。

この結果、アメリカを保護者として賛美し、これに絶対的に服従するという、日本人の基本的な意識ができあがったものと思われる。おそらくこの検閲は、占領期間が終了した後も、日本のマスメディアのいわば内部規定として、比較的最近まで存続していた可能性が高い。

簡単に戦後日本人の意識をまとめる

戦後の日本人の基本的な気持ちを簡単にまとめると次のようになる。

1）天皇と一緒に軍部にだまされ、辛酸をなめさせられた被害者としての思い。
2）自分たちを軍部から解放し、保護してくれたアメリカを親のように慕い、賛美する思い。
3）戦前の神国日本を嫌悪し、過去との断絶を強く望む思い。

では、このような戦後日本人の意識から、なにが抑圧され、排除されたのだろうか？
これもまとめると、次のようになる。

1）もしかしたら、自分たちこそ加害者なのではないかという後ろめたい気持ち。
2）戦争で命を落とした多くの日本兵士の死を追悼し、こうした死が決して無駄ではなく、英霊として意味のある死であったとしたい思い。
3）明治維新以降の日本は、アジア最初の近代国家であり、戦前の価値を復活したいという思い。
4）日本は神国だと感じたい気持ち。
5）実は太平洋戦争は、欧米の植民地となっているアジアを解放するための戦争であったとしたい思い。
6）保護者としてのアメリカから自立し、独自に外交を展開できる真の独立国になりたいという思い。
7）ＧＨＱに強制されたものではない、自前の憲法をもちたいという思い。

戦後長い間、このような思いと意識は抑圧され、はっきりと表現されることを許されなかった。なぜならこれは、ＧＨＱとアメリカが日本を保護国として世界戦略に組み入れるために策定した、昭和天皇と日本国民を被害者とする「表の意識」の裏面であったからだ。いわばこれは、戦後日本人の内面で、表現を許されない抑圧された思いとなった。

【米国覇権の凋落で噴出する内容】

さて、すでにお分かりだと思うが、アメリカの覇権の凋落で、日本人の集合意識の奥底から噴出してくるものこそ、このような「裏の思い」である。なぜなら、アメリカの覇権が本格的に凋落し、日本を従属させる圧力が弱まると、表の被害者意識に抑圧された裏の思いと願望が頭をもたげてくるのは自然なことだからだ。

昨今の日本では右傾化が進んでいると言われているが、この傾向は2001年の911以降、アメリカの覇権の凋落に合わせて強くなってきた流れである。シリア攻撃の断念、連邦政府の閉鎖、デフォルト懸念などでアメリカの覇権の凋落が最終段階に入っているいま、日本では抑圧されたこのような思いと願望はさらに勢いよく噴出している。これこそまさにいまの安倍政権が象徴している流れだ。

裏の意識を表現することが自立なのか？

だが、これまで抑圧されてきた裏の願望を政策の柱にし、その実現を目標にすることが、アメリカから日本が自立する方向なのだろうか？　「自主憲法の制定」と「自主独立の外交」を推進している現在の安倍政権は、まさに悲願である日本の自立への力強い一歩を踏み出しているように一見すると見える。いまの安倍政権は、前述した「抑圧された思い」の2）から7）までを基本とした政権だ。まさに、抑圧の解除を目標にした政権だ。

だが、よく注意してほしいことがある。「表の意識」もそれに抑圧された「裏の意識」も、GHQの日本占領政策で作られた、天皇と日本国民を一方的な被害者とする構図を前提にしてはじめて成立した意識だという事実だ。つまり戦後の「表の意識」と「裏の意識」は、「天皇・国民被害者論」という同じコインの表と裏でしかないだ。一方無くして他方も存在できない関係にある。

したがって、これまで抑圧されてきた「裏の意識」を表出するだけでは、アメリカから真に自立したことにはならない。「表の意識」からするとアメリカという存在は、日本という子供を保護してくれる親のような存在である。いまの若い世代は違うかもしれないが、戦後長い間、多くの日本人は親に甘えるようにアメリカを敬愛していた。これが一般的な雰囲気であった。

この偉大な親に反発して、親がこれまで許してくれなかった反対のことをたとえ行ったとしても、親の影響圏内で反発しているにしかすぎないのではないだろうか？　親への反発は、親に対する依存心の別な意味での現れだということにはならないのだろうか？

【日本自らの手で戦後処理を行う】

では、日本がアメリカへの心理的な依存を完全に抜け出し、心理的に自立するためにはどうしたらよいのだろうか？　それはおそらく、戦後処理を日本人自らの手で行う以外にないのではなかろうか？　「軍部加害者論」とセットになった「天皇・日本国民被害者論」は、GHQが日本を統治する占領政策の一環として導入した戦後処理の方法であった。これにより、日本国民は戦争の一方的な被害者となり、加害者としての責任から免罪された。

戦後処理を日本人自らの手で行うということは、この図式全体を破棄し、改めて戦争と向き合い精神的な独立を勝ち得る方途である。きっとこれは、日本人が集合意識のレベルでアメリカから心理的に自立する重要な第一歩となるはずだ。

【高度に象徴的で哲学的な儀式】

だがもちろん、戦後処理を日本が自らの手で行うとは、サンフランシスコ条約を破棄し、1945年の敗戦の時点に戻ることを意味するわけではない。そうではなく、戦後日本の独立の法的な根拠となっている条約は残しつつも、GHQが作成した「軍部加害者論」と「天皇・日本国民被害者論」の呪縛を破棄し、アジア諸国に対する加害者としての自らの側面を認めて謝罪する精神性の高い象徴的な儀式を行うことである。

1970年、当時の西ドイツのブラント首相はポーランドのワルシャワを訪問した際、ユダヤ人ゲットーの跡地にひざまづき、献花した。この儀式のような行為によって、当時は社会主義圏であったポーランドとの関係は改善した。こうした功績がたたえられ、ブラント首相は1971年にノーベル平和賞を受賞した。

たしかに日本政府も、幾度となく韓国や中国に謝罪している。しかし、調べて見ると分かるが、公式の謝罪が行われた数日後、政権内の閣僚や与党内の政治家が「俺は謝罪など認めない。あれは侵略戦争ではない。日本はアジアを解放した」といったような主旨の失言を繰り返し、謝罪を全面的に否定し続けてきた歴史がある。

つまり、日本の歴代の政治家は、謝罪をした直後に後ろを見て「ウソだよ」とペロッと舌を出す行為を何十年も続けてきたのだ。日本政府は謝罪したというが、実はほとんど信用されていないのが現実だと思う。

通用しない日本の意識

一方アメリカの覇権の凋落のもと、中国や韓国では、加害者としての日本の責任を強く追求する思いが強まっている。

まがりなりにも、アメリカの覇権が揺るぎない状況であれば、どの国もアメリカに正面切って挑戦し、中国や韓国といえども、アメリカが形成した日本国民を一方的に被害者とする戦後処理のあり方に、強く異を唱えることはできなかった。

しかし、米国覇権の凋落が最終段階に入ったいま、もはやアメリカの保護下で可能となった日本の戦後処理の方法を、一方的に主張することはできなくなっている。中国や韓国は、やはり米国覇権のもとで強い主張がはばまれた加害者としての日本への非難を一層強くさせている。これは当然の成り行きである。

これは、中国や韓国の集合意識に抑圧された思いの噴出だ。理屈で解決できるようなものではない。これを解決するためにも、日本の加害者としての立場を認めた高度に象徴的な謝罪の儀式がどうしても必要になるのだ。

そしてこれこそ我々日本人が、戦後処理を日本の手で行い、アメリカに親のように依存した戦後日本の従属的な意識構造を脱し、本当の意味で自立するための方途なのだ。

このようにいま我々は、戦前・戦中の加害者としての歴史に向き合うことが、アメリカの従属意識から心理的に自立することになるという、逆説的な状況にある。この「象徴的な謝罪の儀式」を実施できるほど精神的に成熟した政治家が出現したとき、長い戦後が本当の意味で終わり、日本は本格的に自立することができるはずだ。

【2013年11月21日配信】

高島さんの見解には、大いに考えさせられるものがあります。中国や韓国の被害者意識についても、しかりです。

しかし、戦争の後に結ばれる当事国同士の和平条約については、どんな時代の、どんな戦争においても、100%の納得などありえないのです。双方が少なからぬ不満と怨念を抱えながらも、未来を見据え、互いの再出発を期して、あえて和平条約を締結します。これは、日本と中国・韓国との関係だけが例外ではないはずです。

でなければ、日本が持つヒロシマ、ナガサキの傷はどうなるのでしょう。少なくとも私は、たとえアメリカから完全に独立したときにも、ヒロシマ、ナガサキの怨念を政治利用（外交カード）すべきではないと思っています。

過去の怨念よりも、未来志向を優先する。これは、まさに人類としての知恵であり、理性なのです。一国の勝手な事情によって曲げてはいけません。

いまの日本は、国際社会から「経済一流、政治三流」と揶揄されているのが現状です。しかし、もう一つ「日本国民の民度は世界一」との評価も忘れてはいけないし、また大いに誇れる事実だと思います。極論すれば、別に政治家がいなくても、日本国民は十分にやっていける、かもしれないのです。

それは言い過ぎとしても、国民1人ひとりのレベルの高さを見れば、日本の未来は決して暗くないと感じます。

続いては、3・11の際の原発事故で「全村避難」を余儀なくされ、約6000名の村民が今なお村に戻れない状況が続く、福島県飯舘村・菅野典雄村長への勝仁社長のインタビュー記事です。何とも頼もしく、また心温まる対談になっています。

これからの日本の「あるべき姿」が、ここにあった

勝仁　まず、いまの飯舘村はどんな状況なのでしょうか。

菅野　いま、村民はだいたい飯舘村から1時間以内のところに9割近くの方が避難していて県

外が約1割です。避難者中3割はある程度の集団で暮らしています。小さいところは20〜30人くらい、仮設住宅だったり、あるいは県営住宅などです。あとの7割は一戸一戸のアパートだったり、一軒家を借りたりという感じです。

勝仁　1時間以内という、それほど遠くない範囲にほとんどの方が暮らされているということは、「村民が散らばらないように」という菅野村長の思いが皆さんに支持されているのですね。

菅野　放射能のリスクというのは、ある程度わかっていますが、そのための避難で、村民の生活をズタズタにしていいのかというと、決してそうではないと思っていました。当初から「生活変化のリスクを最小限にしながら、できるだけ早く放射能リスクとの戦いをする」ということが大事なのではないかと考えてきました。

首相官邸で福山官房副長官（当時）ほか、御歴々の方々とお目にかかって、避難についての話をしたときのことです。事務官の方がきちんと調べてくれていて、長野県に500人、〇〇県に何人……という一覧表を「どうぞこれで避難してください」と出してくれたんです。国のほうでも一生懸命やってくださったことはわかるし、ありがたいことなんですよ。だけれどもね、避難させられるわれわれにしてみたら、どうでしょうか……。

飯舘村は後発の避難でしたから、もう近くで避難できるところは埋まっていた。だからみんな遠いところばっかり。それを「どうぞこちらに」と、何のてらいもなく出してくるということがね、ちょっと「心ない政治」なんじゃないですかと思うんです。

私は「こうしていろいろ調べていただいてありがとうございます。でも、申し訳ありませんがお断りさせて頂きます」と言って村に戻ってきたわけです。

それでただちに職員に「村から1時間程度のところに、とりあえず一時避難ということで探してくれ」と指示を出しました。

そうして一時避難、仮設住宅などができて二次避難を、それでだいたい9割が村から1時間以内ということになったんですね。ただ、その過程では、お見せしてもいいですけれど「お前は殺人者だ」「村民をモルモットにする気か」「お前が村長をやっている限り村民はみんなガンになる」というようなメールが毎日のように来て……その連続でした。

勝仁　全村避難は、村長にとっても予想していなかった事態だったのですね。

菅野　青天の霹靂（へきれき）でした。避難はしなきゃならないと思っていたけれども、全村とは思っていなかったですからね。屋内退避もあるなと思っていたんです。だから、全村避難というのは、正直言って頭が真っ白というか、冷や汗が出るような感じでした。

8 事業所と特別養護老人ホームの事業継続の許可を獲得する

菅野　国とは2011年4月10日に会って、11日に全村避難が発表。4月22日に閣議決定があり、そこから避難がスタートしました。それから新聞などで「計画的避難」という言葉が使われるようになって、「概ね1ヵ月で計画的に避難してください」ということになった。そのとき私は「村をゴーストタウンにしない方法が何かないか」という思いがあったので「期間だけでなく中身で計画的避難をお願いできないか」という話を国としました。

彼らは、1時間で話を終えるつもりだったらしいけれども、2時間半以上は粘ったと思いますよ、問答して。とはいえ、こちらも具体的な提案を準備する余裕はありませんでしたから、その時は大して良い返事ももらえなくて話が終わってしまいました。

あの時は「村をゴーストタウンにしない方法が何かないのか」ということだけが頭にあった。もう一つ、村には〈菊池製作所〉という若い人たちが300人ほど勤めている会社があるんです。「そのようなところを潰したら復興はかなり厳しい状況になるな」と、その二つが頭の中でぐるぐる回っていました。

そこで実際に事業所の室内で線量を測ってみたら、低いんですよ。0・3〜0・4マイクロシーベルトくらいだった。それで年間線量を計算してみると、20ミリシーベルトを超えないんです。20ミリが高いか低いかは別にして、国が20ミリって言っているんだから、「よし、それを逆手にとれる方法はないか」ということで、「避難はするけれど、そこから通うということになれば、20ミリにはならない。室内でやっている会社や施設ならいいじゃないか」という要望を国にぶつけ、5月に村内8事業所の継続許可を得ることができました。

避難して、日中だけ会社に行って、室内で仕事をして帰ってくるという生活が続けられることになりました（現在は7事業所）。

また、他の自治体の病人や介護を必要とする方は、8～9時間かけて茨城や栃木にとりあえず避難した。けれども、またそこから転院ということになり、それまでみんな一緒にいたのがバラバラになって、介護の手も病院の手も変わって、それで亡くなってご遺体で戻ってくるということが起きました。

実際、私の妻の母親もそういう形で、転院先で亡くなって帰ってきました。

それが国の進める避難なのか。「弱った人を無理に動かして具合悪くしたり、死に至らしめるというのが国のやり方ですか。違うでしょう」ということでやりあって、こちらも事業の継続が認められました。

菅野村長の「2年で帰る」発言の真相

勝仁　菅野村長は「2年をメドに帰村する」というお考えを、ご著書『美しい村に放射能が降った』（2011年8月・ワニブックス新書刊）に書かれました。すでに2年が経ちましたが、達成できたことや課題などについて、いまご自身のなかでどのようにお感じになられていますか。

菅野　「2年で帰りたい」ということに関しては、まったく何も実現していないですから、ゼロです。だからいま、「大変ウソをついてしまいました」という話はしているんですね。

当初「飯舘村は安全」と、沿岸部から1200人くらいが避難して来て、その対応を皆で一生懸命、「困ったときはお互い様」という、まさに「までいの精神」で全勢力をかけてやっていたわけです（「までい」とは東北地方で昔から使われていた言葉で「手間ひま惜しまず、丁寧に、心をこめて、つつましく」の意味）。

それを見ていて「うちの村民には避難生活は絶対にさせたくない」という思いを持っていた矢先の「全村避難」でしたから、避難する人たちに何か希望を持たせられないものかと色々考えました。敬老会もやります、住宅を準備します、といろいろあったんですけれども、いちばんいいのは「いつ村に帰れるのか」に対する答えでした。

なにしろ何も見えていない状態での出版でしたから、「2年で帰る」は、正直なところ「帰ります」じゃなくて、「帰りたいものだなあ」なんです。「2年くらいで帰りたいものだ」――そのことが住民に、ちょっとした希望を与えられるのではないかと考えました。それは私なりの、村の努力目標であり、国に対する強力なアプローチでもあったのです。ある意味では「われわれは2年で帰るぞ！」という国への脅迫状ですね（笑）。

勝仁　3・11が起きる以前、飯舘村にとって原発の存在というのは、どういったものだったんでしょうか。

菅野　飯舘村は原発の存在を意識したことはまったくなく、原発の「げ」も、放射能の「ほ」も、何も勉強していませんでした。飯舘村は「ないものねだり」ではなく「あるもの探し」で、「村にあるものを活かしていく」というのが村の哲学というか、村のDNAのつもりでやってきました。

住民のなかには「私らは原発から何の恩恵も受けてこなかった。あっち（地元）はそれなりに、ものすごい恩典を受けただろう。だったら、あっちが賠償10万円のときに、こっちも10万という話はないだろう」と言う人もいます。

住民の気持ちとしては、確かに分からないでもないんですよ。でも、（原発の）地元には地元の、私らは私らの生き方をやってきたんだから、いまこうなった時に「あっちが10でこっちが

30だとか、そういう浅ましいことを言うのはやめましょうよ」っていう話もしなければならないんです。

勝仁 原発事故さえなければ、そんな話が出てくるはずもなかった。

菅野 ありえないですよ。「みんなで、苦しいけど、大変だけど頑張りましょうね」と言ってやってきた村なんですから。

「これだけ大変な被害が三つ(地震・津波・原発)まとめて来ているわけだから、国にも県にも、われわれにも100点満点の答えはない。ベストがない以上、ベターに向かって皆で力を合わせて、知恵を出して、我慢もしなきゃならないんだよ」という話です。

すると住民からは「村長はどっちの立場でモノを言っているんだ。われわれの代表なのに、我慢しろって言うのは、国の立場じゃないか」「村長は東京電力から金をいっぱいもらって、別荘三つくらい持ってんだべ」って話になるんですよ。だから「じゃあ、今度その別荘で酒飲みましょう」って言っているんですけど(笑)。そんなことあるわけがない。

つまり、もう被害者意識だけでは──われわれは被害者です。ものすごい被害ですよ──今回の災害は被害者意識だけで物事が解決するような、そんな簡単なものではない。それが放射能の災害なんです。国に村民の意見や提案を聞いて、要望を出していくことも大切なことですが、住民を諭すことも首長の重要な仕事なんですね。

国民全体に理解してほしい放射能災害の特異性

菅野　私は福島県にも「放射能災害の特異性をしっかり国民に訴えていかないと、大変なことになりますよ」と言っています。

東京のほうに行けば、原発事故はすでに過去の話。それはいいんですよ。ただ、少なくともわれわれはこれからも長い戦いをしいられる訳ですから、やはり制度として、あるいは思いとして、国民全体の理解がないとなかなか大変なんです。

普通の災害、台風にしろ津波にしろ、災害には色々あります。災害に、もし重い、軽いがあるとしたら、今回、津波で家族を失った方、そちらのほうがはるかに重い。5歳、10歳の子どもが両親を亡くしたというようなことが新聞に出てくると、ほんとうに声をかけられないくらいかわいそうです。「なぜこんな小さな子どもにこんな不幸が」と思います。

でも、時間はかかるでしょうけれど、心に傷を負いながらも、ゼロからスタートする時がいずれ必ず来ると思います。

ところが放射能の災害は、これから何十年も世代を超えて不安と戦いながら、汚された土地の生活苦と戦いながら、「ゼロに向かって」いかなければならないということなんです。

それが放射能の災害が他の災害と違うところなのです。講演などでこの話をすると、ほとんどの方が、「そう言われればそうだね」とおっしゃいます。どうしても、人々の目は「目に見える災害」のほうに行ってしまいます。でも、放射能災害は違う。目に見えないものとの戦いなんです。

それからもう一つの違いは、他の災害は、人々の心が結束します。家庭や地域でも、もっと広い区域でも。ところが放射能災害は分断の連続です。

「このままでいい」という人もいるし、「早く帰してくれ」という人もいる。放射能に対する認識は学者によっても違いますし、感じ方も1人ひとり違う。一つの家のなかでも、小さい子どもを持った若い世代と年寄りでは違います。

夫と妻でも違います。離婚が増えているはずです。間違いなく。妻は実家に行く。「さあ、あなたも」と言った時に、男はそう簡単にいまの地位やその他すべてを捨てて離れてはいけないわけです。村の人ではありませんけれど、全然知らない人から「ウチの息子たち離婚しました」という話を聞いています。

また、風のいたずらで線量が高い所と低い所が出ているので、村に帰れる時期が場所によって違う。それだけならまだしも、賠償も違ってくる。そうすると、人によっては「いったいどんなモニタリングをしたんだ」、そんな話だって出てくるんです。これが放射能災害なんです。

ちょっと言葉は乱暴ですけれども、目に見えない精神戦争をやっているようなものです。

村民分断を超えて前を向く

勝仁　これまで菅野村長は「までいライフ」を推進してきて、皆さんがイキイキ暮らせる理想的な街づくりを推進してこられました。今回そうして積み上げてきたことが、すべて吹き飛ぶような災害に見舞われたにもかかわらず、次々と新しい提案を国や県にぶつけておられます。なぜそれほど柔軟に、過去にこだわらない実践ができるのでしょうか。

菅野　災害に遭ったからこそ知ったこと、できたこともたくさんあります。改めてこれまで進めてきた「までいライフ」の認識を深めたという面もあります。

また、被害に遭ったことによって知った、色々な方たちの善意もある。いまも「日本で最も美しい村」連合理事の皆さんから「飯舘村の子どもたちのために使ってほしい」と、寄付が届いていています。飯舘村は以前、「飯舘っ子未来基金」をつくって、さまざまな事業をやってきましたから、こうしたありがたい善意はすべてこの基金の中に入れさせていただいて活用しています。震災の翌年にも子どもたちをドイツ研修に送り出しました。

そうした震災前からつながりのあった方からだけでなく、全然つながりのなかった方からもたくさんの善意が届いています。「色々調べたけれども、飯舘村がいちばん一生懸命やっているから、お金を出すのは飯舘村にします」といった寄付や、80歳くらいのおばあちゃんから「相続遺産が入ったから、飯舘村のために寄付します」というお申し出をいただいたこともありました。

あるいは、毎月1万円ずつ24回、25回、という人もデータとして上がってくるんです。ときどき「今月はちょっと苦しいから5千円ね」とか。全然知らない人ですよ。そういうことが、いくらでもあります。日本人は皆、まだまだ良いものを持っている方がたくさんおられるという気がしますね。

いま、ご指導いただいている学習院大学教授の赤坂憲雄先生――東北学をやっている民俗学者の方ですが――から直接言われたわけではありませんが、その方の新聞記事に「いずれ物事は浄化されていく。忘れられていく。でもそのときに、前を向くか、横を向くか、後ろを向くか。前を向いていれば忘れられもしないし、応援も来るんだ」という一文があった。それを読んで「ああそうだ、そうなんだ」と。

講演なんかに行きますとね、「私たちにも何か応援できませんか」とよく言われます。私、いくら心臓に毛が生えているからといって、まさか「お金ください、義援金ください」とは、やっぱり言えないですよね（笑）。そうすると、言えるのはやっぱり「忘れないでください」

ということなんです。

さまざまな対応に追われて毎日あたふたとしていますけれども、「前を向いていく」ということが大切だと。「前を向いていれば忘れられもしないし、応援も来る――」そういった文章でもなんでも、ちょっとしたことからでも、ヒントは得られるわけです。

原発事故から何を学び、何を次世代に伝えるのか

菅野　毎日毎日、さきほど言ったような対応に追われています。毎晩のように住民と除染のこと、賠償のこと、村の復興計画を説明しながら、夜9時ころまで話し合いをしています。これは多分、県も同じだろうし、他の被災地域も同じだと思いますが、どうしても日々の忙しさや対応に追われて、いちばん忘れてならないことを忘れてはいないだろうかと思うんです。

それは「この原発事故から何を学んで、次の世代にバトンタッチしていくのか」ということです。ここがいちばん大切なことなのではないかと。だけど、どうもいまそんなことを言っている人は誰もいないんですね。「脱原発」という話は出ていますけれども。

高度経済成長時代の終わりにこの原発事故が起きたということが、いったい何を意味するのか。いままでの生き方、これからもイケイケドンドンでいいのか、ということではないのかと

思うんですよ。「もっともっと便利に豊かに。そのためにはエネルギーが必要だ」ということで、50何基の原発ができて、自然の災害によって爆発が起き、われわれはいま、大変な避難生活を余儀なくされている。

その原発事故から何を学ぶかというと、成長だけがすべてではない、「成熟社会のありよう」というものを考えていくきっかけが、今回の原発事故じゃないのかと。でも、残念ながらいま、日本の政府も国民もそういうことにはなっていないですよね。そうすると、私たちの避難生活は、基本的にただのムダだということになってしまうのか。それでは、あまりにもつらすぎます。

日本は第二次大戦が終わった時に「軍人の時代」が終わって、平和な国になった。戦争で命を落とした方、戦後の大変な時代を頑張ってくれた先人たちがあったからこそ、われわれはこうやっていま、平和ボケと言われるくらい平和な日本に住んでいられるわけです。

だから、いまの私たちのつらさが、次の世代、その次の世代、これから30年、50年後に「ああ、あの時、原発事故の大変な時代を生きた人たちのおかげでいま、世界から尊敬される日本があるんだね」と言われなかったら、私たちの、この大変な犠牲はいったい何なんですか、と言いたくなる。

自分の時代さえ良ければいい、ということではなくて、やがて子どもの時代、孫の時代、曾孫の時代になるということを考えたうえで、いまのわれわれはどういう生活を選択するのか、どういう行動をしなきゃいけないのか。それを考えるきっかけが、原発事故のいちばん大切なことなのではないのかなと思っています。

いまこそ「成熟社会の日本のありよう」を考える時

菅野　最近、学者や政治家のなかに「除染の費用対効果」ということを言う方が出始めています。「除染に膨大な金をかける価値があるのか」ということですね。私も村民から言われることもあります。「そんなに除染にお金をかけるのなら、もうやめて、私らの生活再建のためにまわしてほしい」ということです。

学者や政治家は、いずれ線量は下がるのだし、除染をしないわけにはいかないけれども、費用対効果も考えてやったらいいだろう、という話なんです。でも、これだけ原発事故で世界を騒がせた日本は、近代国家のはずですよ。その近代国家が「ギブアップして適当な除染で済ませた」ということでは、日本は世界から、笑いものというか、「その程度の国か」という話になりませんかと。

経済成長はもちろん必要です。でも、将来の日本の像を見せたうえで、「そのためにはこうでこうだ。だから脱原発だ」、あるいは「原発もいくらかは必要だ」でもいいでしょう。

そういった日本の将来像の話を全然論議しないで、ただ、除染、賠償といった単語の話だけをしているというのは、いかがなものかと。ひと言で言うのが当たっているかどうか分からないけれども、「いまこそ、成熟社会の日本のありよう」を考える時なのではないでしょうか、と思うわけです。

アメリカもヨーロッパもおかしくなっている。日本もおかしくなっている。これから伸びるであろう中国だって、われわれ以上に課題を抱えています。いままでのやり方というのは、戦後50年60年は良かったけれども、これからは違うんだ、というイメージのなかで「それではどうするか」ということですよね。そこが多分、舩井幸雄さんが言わんとしていることなんではないかなという気がします。

時代の流れを読めないものは滅びる

菅野　いま、職員の研修でも話してきたんですけどね、明治維新で武士の時代が終わり、戦後で軍人の時代が終わりを告げ、第三の転換期があったとしたら――あるわけですけれど――そのとき何が滅びていくのかと言ったら、やっぱり「時代の流れを読めないものが滅びていく」

けない。

というこことなのだろうなあ、という気がしています。時代の流れを読むには、固定観念にこだわらない柔軟な発想、人間の幅の広さ、考え方の広さ、幅、というものを持っていかないといけない。

昔は、役場の職員は与えられたことをきちんとやればいい、ということでしたが、今度ばかりはいままでとはまったく違う。「こちらではこうしたい」という話を積極的にしなければいけないわけです。そのためには、常に頭をオフに、ゼロにしておくことが必要だよと。赤にも黒にも染まれる「白」にしておくというスタンスを、いかに持ち続けていけるかということが大事で、それには色々なものを勉強しないとダメだろうということです。

職員たちもバラバラになったコミュニティをなんとかしなければならないということで頑張ってくれて、今度「全国広報コンクール（日本広報協会主催、読売新聞社など後援）」で最優秀賞の「総理大臣賞」をいただくんです。

勝仁　そうした努力が形になっているのがすばらしいですね。職員の皆さんのモチベーションを高めるには、どのようなことをされているのですか。これまでにも増してコミュニケーションが大事になってくると思いますが。

菅野　私の訓示はだいたい30分くらい職員を座らせてやります。最初は「また始まったか……」ですけれど、それが5回、10回、15回と聞いていると「ああ、そうだな」ということになるんですね。言葉や表現は変えますけれども、基本的には毎回、考え方や行動の仕方についての話です。

原稿は全部自分でつくります。誰もやってくれませんのでね（笑）。年末や年度初めの4月1日の何日か前は、これに没頭します。妻には「そんなのいちいちやらなくても、適当に言えばそれでいいでしょう」と言われるけれども、私にしてみれば、職員に何が伝えられるか、村長は何を考えているのか、何を国に訴えようとしているのかを知ってもらうことが大事なので、必死になってやります。

「電気を少しずつ消していく時代」に入っていく

勝仁　原発に関しては「今後絶対に廃止して欲しい」というお気持ちですか。

菅野　これだけ危険なもので、これだけ人間の手に負えないものは、やはり少なくしていくべきだと思います。ただ、日本の経済にとってエネルギーは必要だし、住民、国民の生活もありますから、「脱原発がすべてだ」と言うつもりはないんです。

だけど、危険なことは確かですから、少なくしていって、絶対に事故が起こらないようにしていかなきゃいけない、ということは事実だろうと思うんです。その結果、（原発が）なくなればそれに越したことはない。

日本人は「白か黒か」なんですよ。日本人の性格、潔癖性かどうか分からないけれども。私は「白か黒か」もあるけれども、真ん中のグレーゾーンに正しい答えがあることだってあるんだよ、ということも、ずっと言ってきています。そういう考え方をしていかなかったら、これからは世界に伍していけないいんじゃないでしょうか。

日本人はいつの間にか「極論」に酔う国民になってしまったんじゃないか。確かに極論は、一時的には納得できるけれども、決してそれが良いということではないということが、いままでたくさん出ています。小泉さんの「郵政民営化」、その次に「コンクリートから人へ」、それで、原発事故が起きたら「脱原発」で、いまは「経済成長なしに日本の将来はない」というふうに。

もちろん、みんな正しいです。でも、その言葉だけで物事が済むという話ではないということでしょう。いまの日本人を見ていると、言い方は失礼だけれども、物事の一面しか見えない国民になっているのではないか——そういった危険性を感じます。

放射能はまったくのグレーゾーンです。私と若い人でも、話すとたくさん意見の違いが出てきます。しかし、2人の意見の間のグレーゾーンの中にしか答えはない、ということなんです。

勝仁　本来、日本人はそういうのが得意だったんじゃないかなと思いますが。

菅野　あうんの呼吸というのが得意なはずなのに、どうもそうではない。感覚的で極論に走るというような危うさが、一方で出てきているように感じます。

日本は全国どこでも電気がつくようになって、1日24時間も電気をつけている。でも、これから先、もっともっと電気がつくようにすればいいのか。その結果、星空が見えなくなったような、そういうことをどんどんやり続けていっていいんですか？　違うでしょう。

むしろこれからは、電気を少しずつ消していくような時代に入っていくのではないのでしょうか。

——対談を終えて　船井勝仁——

お話を伺って「私にはこの災害の本質が見えていなかった」と反省しました。東京にいるわれわれも、このメルマガを読んで下さる全国の方々も、一緒に菅野村長が言う精神戦争に参加していくという気持ちを持たなければならない、と感じました。日本に起きたこの難局を、ともに乗り越えた先に、私たちが目指すべきものがあるのだと思います。

「東電も国も県も変わらなきゃいけないけれど、自分たちがいちばん変わらなければいけない」と菅野村長はおっしゃり、住民とともに実践されています。日本や世界のあるべき姿、そのモデルがここにあった。すばらしいリーダーに率いられた飯舘村が、日本のモデルになっていく

【2013年7月25日配信】

だろうという実感をもちました。

菅野さんの言葉を聞いていると、まさに日本型リーダーの一典型だと思ってしまいます。もちろん良い意味で、です。日本人のすべてがそうだとは言いません。しかし日本には、時としてこういう滅私型のリーダーが出てくるのです。時代が変わり、社会システム、経済システムが変わっていっても、不思議な不思議なと言うしかない、こうした日本の「底力」は日本が危機になればなるほど発揮されます。

日本の歴史とは、そういう歴史なのです。

明治から大正、昭和初期の日本は、純粋な（プロトタイプな?）自由主義経済社会だったと言われています。

会社の役に立たないとみなされた社員は容赦なくクビになりました。半面、周りから煙たがられているような社員でも、きちんと実績を上げている人なら重用され、思い切った抜擢もされたのです。また会社の将来性に見切りをつけたら、社員のほうからさっさと会社を去っていきます。転職などは当たり前のことだったようなのです。

企業レベルでも同じでした。儲けを出せない企業は、自然淘汰の原則に従って消えていくのが常だったのです。

終身雇用、年功序列、社内労組といった戦後の「日本的経営」は、別に日本という国の伝統でも何でもありませんでした。しかし一面の焼野原にされた国土の中から、その日本的経営でもって、日本は世界トップの経済大国にまでアッと言う間に昇りつめたのですから、これは大いに誇って良いと思います。

経営に「原則」はあっても、いわゆる「必勝法」はないのです（ただし「負けない方法」はあります。それは経営の原則を守って、ひたすら効率的に働くことです）。

私たち日本人は、自ら働いて食べていくのが当たり前だと思っています。ところが、先にも書いた通りで、中国や韓国、北朝鮮のように「働く者、食うべからず」が常識の国や民族もあるのです。キリスト教国は日本と同じ「働かざる者、食うべからず」ですが、彼らにとって労働は神に課された「原罪」であり、人は一種の罰として働かざるをえないのだと考えています。

おそらく働くこと、それ自体に意味を見出しているのは、世界の中でただひとり、私たち日本人だけなのです。

評論家の山本七平さんは、それを「日本人にとって労働は仏業（仏道修行）である」と言っていました。日本人にとっては、働くこと自体に意味があると言うのです。この話も実に面白いのですが、ここに詳しく記すには紙幅が足りそうにありません。

またソ連邦が崩壊して、ロシアが資本主義に移行するために世界中から投資を募っていた時、やはり評論家の小室直樹さんから聞いたのは「いくら資金を確保し、いくら十分な設備を整えることができたとしても、ロシアは発展できない」という言葉でした。

要はカネを用意し、十分にモノを揃えても、ヒトがいなければ資本主義経済は機能しないということなのです。

このヒトに必要なのは「労働のエートス」（働くことに対する「民族的〈あるいは人種的〉」な情熱）だが、ロシア人には十分なそれがないと小室さんは言っていました。労働の「パトス」（個々人の情熱）だけではダメで、民族的な情熱である「エートス」が必要だと喝破したところなど、さすがに副島さんの師匠筋だけのことはあります。

私はこの労働のエートスさえ持っていれば十分、あとは少し知恵を働かせて経営できるトップがいることで、どんな会社も必ず上手くいくと経験上から確信できるのです。

これからの日本について、また別の分野での私独自の考えは、次章で記すことになります。ともかく日本国民の姿を見ていると、希望が湧いてくるのです。たとえばマスコミ報道などには、いわゆるオピニオンリーダーたちの意見しか載りません。しかし、世論というものは、実はサイレント・マジョリティー（ものを言わない大多数）が決めています。

そして、日本でいちばん強いのは、この「世論」なのです。

第5章

未来に向けて必要な哲学は東洋思想の中にある

まずは支配・被支配構造の国つくりを止める

私は自然との調和が大好き、というか自然破壊などとんでもないと思っています。

ですから、人間が自然を支配する発想で生まれた西欧の合理主義思想よりも、自然との共生を目指した東洋思想のほうが好きです。同じ理由から、早く資本主義を終わらせて、新たな経済システムを創出していかなければならないと考えています。

国のあり方で言えば、支配・被支配の構造からはもう脱却すべきだというのが私の意見です。とはいえ、日本も他国のことは言えない……のが現状かもしれません。しかし、少なくともそちらの方向に進むべきだと、多くの日本人は思っているはずです。欧米諸国も建前上だけかもしれませんが、いまや同じ方向を見ています。しかしたとえば中国、韓国、北朝鮮などは、ここまで本書をお読みいただいた読者の皆さんが感じた通り、いまだに露骨な支配・被支配の国つくりを押し進めているように見えます。

支配・被支配の構造は、西欧諸国によるアジアの植民地支配に顕著でした。

アジアの植民地時代が終わったのは、ようやく第二次世界大戦後です。それまで数百年間も、アジア（および南米、アフリカ）は西欧列強の支配下に置かれました。西欧の植民地支配は、露骨かつ残酷で徹底した収奪でした。文字通り、アジアは絞りつくされたのです。日本の台湾および朝鮮統治は、彼ら西欧型の植民地支配ではありませんでした。

いわゆる「内地延長主義」であり、すべて日本内地と同じにする、つまり学校をつくり、無きに等しかったインフラを整備し、日本の農業技術を教えて生産高のアップを図る、等々です。その証拠はいくらでも残っています。韓国などが、日韓「併合」をことさらに「植民地支配」と呼ぶのは、ひどかった西欧型植民地を連想させる巧妙なレトリックでしょう。

もっとも、これは統治者の論理であり、公平な態度ではないかもしれません。

思想家の岸田秀さんに寄稿いただいた発信文（2013年9月12日配信）を読みながら、ふとそう思いました。本章は、資本主義、支配・被支配といった、これまでの思想、もはや行き詰まった思想に代わる新しい哲学、私たち人類がこれから依って立つべき哲学を探るのがテーマになります。その意味で岸田さんの発信文は、実に示唆に富んだ内容です。

【聖俗分離とか和魂洋才】

人類は大昔にアフリカで発生したとのことであるが、アフリカで発生した人類の一部がどのようにして日本列島に辿り着き、日本民族となったかはよく知らないけれども、いろいろ想像することはできる。

とにかく、日本列島では人類は発生しなかったのだから、現在、日本民族とされている人たちは日本列島にあちこちから流れ着いた人たちの子孫であろう。たぶん南洋諸島から、東南アジアから、中国大陸から、朝鮮半島から、シベリアから、樺太から流れ着いたのであろう。

したがって、日本民族が雑種であることは確かであろう。もちろん純粋な民族なるものは存在せず、どの民族も多かれ少なかれ雑種であるが、日本民族は雑種の程度が強いと言えるのではないか。

一般に、誰でも、自分が生まれたところで過不足なく生活できるのであれば、余所へは行きたがらないものであって、生まれ故郷を出て、日本列島へ移り住んだということは、生まれ故郷で嫌われたか迫害されたか差別されたか、あるいは、何らかの生活条件の悪化のために住みづらくなったからであろう。

そのため、日本民族の無意識の深層には激しい劣等感、屈辱感があるのではないかと思われる。この劣等感、屈辱感は、歴史のさまざまな局面で吹き出てくる。

いかなる民族にも、民族性というか、行動パターンというか、世界把握の仕方というか、それぞれの文化の特徴があるが、それは、それぞれの民族が形成され始めて以来どのような経験をしてきたかということ、いわば、その民族の原体験、歴史によって形成されてきており、そして、その特徴がまた新たに歴史を形成しつづけている。

文化の特徴は悠久の昔からの歴史に深い根拠があるので、容易に変えられるものではないであろう。

わたしは、日本民族の祖先は差別されて生まれ故郷から追っ払われ、日本列島に流れ着いた人たちではないかという仮説を立てている。


彼らがやってきたこの列島は、幸運なことに、比較的に気候も温暖で、自然条件に恵まれていて、人々はそれほど血みどろの争いをしなくても暮らしてゆけたのではないかと思われる。そして、何よりも幸運だったことは、高度な文明をもつ国が遠過ぎもせず、近過ぎもせず、適当なところにあったことである。

もし、列島が大陸から遠く離れ、太平洋の真ん中あたりにあったとすれば、日本民族は、太平洋の島々の民族のように、いわゆる「未開の」状態にとどまっていたかもしれない。またもし、大陸と陸続きであったか、そのごく近くにあったとすれば、日本は大陸の勢力に侵略され、その属国になっていたかもしれない。

ところが、列島は、大陸の文明から切り離されて影響を受けないほど遠くはなく、日本海に隔てられて、大陸の軍事力にたやすく攻撃されるほど近くはないという、実に微妙な地理的条件に恵まれていた。

いかなる民族もそれぞれ特殊な自然的、地理的、歴史的条件のもとにあり、それぞれ特殊な文化を形成しているのであって、日本だけが特殊ではないが、このような特殊な条件のもとにおかれた民族として、日本民族の民族性、歴史における特異な行動を理解しなければならないであろう。

中国という先進文明の近くに存在していて、かつ、それに組み込まれず支配されず、その影響を受けながらある程度の独自性を保っているという状況は、メリットも大きかったが、デメリットもあった。そのため、日本は大陸文明に対する態度の分裂を抱え込んだ。

日本は、一方では、大陸文明を崇拝し、模倣しようとしながら、他方では、大陸文明に反発し、敵対する。

わたしは、前者の傾向を外的自己、後者の傾向を内的自己と呼んだが、この外的自己と内的自己との葛藤と分裂の例は、日本の外国との関係の歴史にふんだんに見られる。

西欧列強の植民地支配に立ち向かった日本

日本の歴史を概観すると、鎖国と開国を交互に繰り返していることがよくわかる。このこともこの分裂の症状であろう。

奈良時代から平安時代の初期までは、さかんに遣唐使が派遣されて唐の文化が採り入れられ、律令制や公地公民制が施行されていたかと思うと、九世紀末に鎖国に傾き、突然、遣唐使は廃止され、かな文字ができ、和歌が詠まれ、源氏物語が書かれて国風文化が栄えたが、平安時代も末期になると、平家が日宋貿易を推進し、開国しかかる。すると、源氏が反発して平家を滅ぼした。

源平の戦いは鎖国派と開国派との戦いだったかもしれない。

「平家にあらずんば人にあらず」と、あれほど権勢を誇っていた平家がド田舎に追放されていた源氏に簡単に敗れたのは、一般民衆の共同幻想が鎖国に傾いていたからであろう。鎖国派が主流となった鎌倉時代には、元の使節の首を刎《は》ねた（二度目の元寇を招く）ことからも明らかなように、外国と交渉をもつ気はまったくなかった。

その次の室町時代には、またまた鎖国から開国に転じ、足利義満は明の皇帝に日本国王にしてもらって喜び、明との貿易で巨利を得た。

足利幕府が衰退したあとに続く戦国時代は、キリスト教や鉄砲をはじめとして、日用品に至るまで南蛮文化を採り入れ、信長は宣教師に自由な活動を許し、秀吉は明を征服しようとして朝鮮へと軍を進めるし、まさに開国の花盛りであった。

関ヶ原の戦いは、信長・秀吉の路線を引き継ごうとする勢力と、もう外国とかかわるのはうんざりだ、外国のものは飽きた、戦さも飽きたという勢力との争いであった。

後者が勝って、人々がやたらに殺し合った戦国時代に対する反動で、徳川時代となり、喧嘩両成敗の原則を立てて争いを戒め、鉄砲を捨てて日本は二百数十年の平和な鎖国状態を享受した。

しかし、幕末に、4隻の戦艦を率いたペリーがやってきて、軍事的無力を思い知らされ、これまで安逸の夢にまどろんでいたのは大間違いだったと、過去を全否定し、逆の極端に走り、文明開化、富国強兵に邁進し、アジアの弱小国から世界の五大強国の一つにのし上がった。ところが、アメリカに警戒され、いじめられて腹を立て、アメリカと戦って惨敗して、これまで軍事力で国の栄光を追求しようとしていたのは大間違いだったと、またまた過去を全否定し、逆の極端に走り、もとの弱小平和国家に舞い戻ったのであった。

欧米勢力のアジア侵略、植民地化がわりと簡単に成功したのは、アジア諸民族、諸国家が無警戒、無抵抗だったからである。侵略する欧米勢力にはじめて抵抗したのは日本であった。日本は、ペリーの開国要求に対してただちに激烈な攘夷論が荒れ狂ったが、軍事的にはまったく弱かったから、やむを得ず開国を承認した。

しかし、もちろん、心から納得して承認したのではなく、ペリーの恫喝に屈して屈辱感は深く疼いており、ホンネは攘夷にあって、開国は一時の便法のつもりであった。

日本は、欧米諸国の侵略と植民地化に腹を立て、反撃したくなるのは、人間として民族として国家として当然のことであると考え、同じように欧米諸国に侵略されているアジア諸国、とくに近くの朝鮮や中国も同じように腹を立てているに違いないと決め込み、彼らと手を組んで欧米諸国に対抗しようとした。

もちろん、朝鮮や中国にも、日本人と志を同じくする人たちはいたが、いかにも少数派で、たとえば閔妃《みんぴ》（李氏朝鮮の第26代王・高宗の妃）は、あろうことか、侵略者のロシアを朝鮮に引き入れようとしたりして、頼りにならなかった。

欧米の脅威に国を挙げて立ち向かおうとしたのは、少なくとも最初のうちは、主として日本であったのは、さきに述べたように、日本民族が差別されて列島に流れ着いた人たちが形成した民族であったことも一因ではないかと、わたしは思っている。

もともと被差別意識が強いので、欧米諸国による侮辱に敏感だったのであろう。日本は、このことを日本の特殊な事情によることとは思わず、侮辱された誰にでも共通な普遍的反応だと考えた。そのため、日本と同じように一丸となって欧米に反発、反抗しない朝鮮や中国をプライドの低い、遅れた、愚かなだらしない人たちと見なし、欧米の植民地化勢力からアジアを解放する使命は、他のアジア諸民族を当てにせず、日本が担わなければならないと考えた。脱亜入欧の思想である。

日本とヨーロッパはお互い「変な国」同士である

日本が脱亜入欧の方針を選ばざるを得なかったのは、日本人としては真剣に熱烈に他のアジア人たちと手を携えて、ともにアジア解放の理想を実現しようとしたのだが、朝鮮人や中国人がこの理想を理解せず、あまりにも愚かで頼りにならなかったので、やむを得ず、日本が先頭に立って他のアジア人を支配し、指導しなくてはならなくなり、そのため、心ならずもときには彼らの意に逆らい、彼らを傷つけることになったのであって、それは本意ではなかったという説がある。

この説はまことに日本人には都合がよいが、しかしまた、脱亜入欧とは、日本がアジアから脱し、欧米の立場に立って欧米と同じようにアジアを支配し搾取するための口実に過ぎなかったのであり、アジア人が日本に協力しなかったのは、愚かだったからではなく、日本人が身勝手で傲慢だったからであったとの説もある。

このいずれの説もそれなりの根拠はあり、正しいと言えば正しいし、間違っていると言えば間違っているであろう。

日本人も全員が同じことを考えていたわけはなく、真剣にアジアを解放することをめざし、懸命に努力した者もいたであろうし、この機会にアジア人を搾取して儲けようとしか考えなかった者もいたであろう。そのどちらが多かったかは調べようがなく、勝手に推測するしかない。

そのどちらが正しいかを判断する根拠として、現実に日本という国が、アジア人に対して明治維新以来、1945年の敗戦までどういうことをしたか、とくに大東亜戦争とは何であったかが資料となるが、この資料も多くの曖昧さや矛盾を含んでいる。

日本は、脱亜入欧、富国強兵の路線を進んで、日清、日露、第一次大戦に勝利して軍事大国となり、結局、大東亜戦争に破れてアメリカの属国になって今日に至っている。

この大東亜戦争が欧米帝国主義の植民地になっていたアジアの諸民族が独立するきっかけになったことは確かであるが、他方、日本は朝鮮を植民地にしていたし、中国を侵略したことは否定できないから、この戦争には正しい面がないではないが、正しい戦いだったと称するのは無理であろう。

同時に、戦後の中国や朝鮮のように、この戦争を全面的に悪だったと決めつけるのも無理であろう（中国や朝鮮は日本に侵略され、植民地化されて傷ついた誇りを取り戻すためにも、そう思いたい気持ちはよくわかるが）。

大東亜戦争に関して、広く出れば近代日本に関して、さらに広く出れば日本の歴史に関して、矛盾するさまざまな見方ができるおおもとの原因は、すでに述べたような、古代における日本民族の成立にかかわる特殊な事情にあると思われるが、そのために特殊な文化を形成していた日本が、同じくその特殊な事情によって特殊な文化を形成していたヨーロッパと出会ったのが16世紀の戦国時代であり、いったん中断してふたたび出会ったのが19世紀中葉の幕末である。

それぞれ別な形で特殊な文化である変な日本文化と、変なヨーロッパ文化が出会って近代において相争い、変な世界史が展開した。

ヨーロッパ文化も変な特殊な文化である。その起点は、わたしによれば、紀元前13世紀にエジプト帝国から大勢の奴隷が逃亡したことに始まる。この奴隷たちは、ユダヤ民族を形成し、今のパレスチナに辿り着き、ヤハウェを唯一絶対神とするユダヤ教という一神教を創始した。長くなるので、ユダヤ民族の詳しい歴史は省略するが、世紀の始まりの頃、ユダヤ民族の国、イスラエルはローマ帝国の植民地であった。ユダヤ教徒は、ローマ人には奇妙としか見えない、割礼や食物規定などの戒律を厳密に守り、唯一絶対神を崇拝してローマの神々を敬わないため、ローマ帝国において厳しく差別され弾圧されていた。

その差別と弾圧に耐えかねてユダヤ民族は二度もローマに対して絶望的な戦争を起こすが、もちろん、惨敗する。

そのとき、追い詰められていたユダヤ人に便利な脱出口を提示する者が現れる。イエスである。彼は、神の国、天国を説いて現実の世界で惨めな状態にあるユダヤ人に救いを与え、ユダヤ教の戒律は必ずしも守らなくてもよいとして、ユダヤ人を厳しい戒律の呪縛から解放した。ユダヤ教では内面と外面の一致が当然であるが、彼は内面と外面の使い分けを容認した。

ユダヤ教徒の一部はキリスト教徒となり、さらにゲルマン系のローマ軍兵士など、ユダヤ人以外の者も加わるようになった。

ユダヤ教が奴隷宗教ならキリスト教は侵略宗教

初めのうち、ローマ皇帝は、ユダヤ教と同じくキリスト教をも弾圧したが、キリスト教徒が大きな勢力となって弾圧できなくなり、ついには、ローマ皇帝がキリスト教に帰依し、キリスト教はローマの国教となった。

ローマ帝国はヨーロッパに支配を広げ、支配地にキリスト教を押しつけた。

ここで、古代ヨーロッパにおいて、古代日本と同じような状況が出現した。ヨーロッパも、近くに圧倒的に強い先進文明があり、その文化と宗教が入ってきて、それまで信じていた固有の文化と多神教（ゲルマン神話などに見られるような）が脇に追いやられた点では日本と同じである。

その結果、ヨーロッパも、日本と同じように、外部の文明を崇拝し模倣する外的自己と、外部に対する劣等感を補償し、外部に反発し、独自の文化を守り、誇りをもとうとする内的自己とに分裂した。

キリスト教がこの分裂を肯定した。内面と外面を使い分けることができる、というより、使い分けざるを得ないのは、心服できない支配者に服従しなければならない植民地人の宿命であるが、キリスト教はそういう状況にあったユダヤ人向けに成立した宗教だからである。

キリスト教は、内部構造からして、外的自己と内的自己の分裂を支持するようにできていた（「カエサルのものはカエサルへ、神のものは神へ」）。

もちろん、ヨーロッパと日本では異なる点も多い。ローマ帝国はキリスト教をヨーロッパに押しつけたが、中国は中国文化を日本に押しつけたわけではなく、日本が自ら進んで採り入れた。また、キリスト教はユダヤ教から派生したもので、同じく一神教であり、旧約聖書を読めばわかるように、ヤハウェは嫉妬深く復讐心が強く懲罰的な憎しみの神であり、キリスト教は、愛の宗教と自称するものの、実際には、奴隷の宗教であるユダヤ教の伝統を引き継いでおり、他の宗教を邪教だとしてすべて排除する独善的な宗教である。

それに反して、仏教は寛大で、神道と共存するのを厭わず、神道を撲滅しようとはしなかった。

宗教以外の点を言えば、ヨーロッパの土地は痩せていて生産性が低く、南部を除いてほとんどが寒冷地であって、ヨーロッパ人は認めたがらないが、ヨーロッパ民族は近代以前は世界でいちばん貧しい民族であった。

また、歴史的にヨーロッパほど各国、各民族、各宗派、各団体などがすざましい争いと啀《いが》み合いと殺し合いを休みなく続けてきた地域はほかにはない。

近代は、ヨーロッパ人の大航海から始まるが、大航海とは、ヨーロッパ人は進取の精神と冒険の勇気の成果だと自画自賛しているが、ありていに言えば、ヨーロッパにおける貧窮生活に耐えられなくなって、外の世界によりましな生活を求めて出掛けて行った、喰いつめた難民なのである。

基本的には貧窮生活から脱出しようとする衝動に動機づけられたのであるが、近代ヨーロッパ人は、ローマ帝国に植民地化された屈辱をバネとし、恨みと復讐の宗教であるキリスト教を後ろ盾とし、聖を下僕に使う俗の権力に支えられて、大航海を第一歩に世界征服へと乗り出したのであった。

彼らがアフリカ、アジア、アメリカで現地の人々を搾取し、収奪し、虐殺したのは、その目的からして必然であった。

それまでヨーロッパ人はヨーロッパ内でおたがいにさかんに争い、殺し合ってきたおかげで、戦《いくさ》に慣れており、人殺しのタブーも弱く、武器も他民族とは比べものにならないほど飛び抜けて発達していたから、自然の恵みに恵まれて豊かに平安にのんびり暮らしていた無警戒な他民族は、赤児の手を捩《ね》じるように難なく征服され、その富を奪われた。

近代とは、ヨーロッパ民族とその他の民族との貧富が逆転した時代であった。

日・米・欧はみな重篤な人格障害の国々

ヨーロッパ人はこの逆転を隠蔽し、たとえば、ヨーロッパ人がやってくる前のアフリカには、クシュ王国、ガーナ王国、ベニン王国などの王国があったが、ヨーロッパ人はその歴史を消し、アフリカ人はみんな、昔から今までずっとそれぞればらばらに小さな部落で石器時代のような「未開」生活をしているとのイメージを広め、アフリカ大陸を暗黒大陸と呼んだが、それはヨーロッパ中世の暗黒時代をアフリカに投影したに過ぎない。

外的自己と内的自己の分裂は、いわゆる文明の進歩には有利なのである。

キリスト教においては、この分裂は聖俗分離という形に表れた。聖俗が一体となっていれば、聖が俗を規制し、たとえば聖なるタブーが残忍な武器の発明や使用を禁止するが、聖俗が分離していれば、俗が聖の規制から解放されて、よく言えば自由に発展し、悪く言えば勝手にのさばり、逆に聖を従属させるようになる。たとえば、聖なる正義が残忍な武器の使用を正当化する口実に使われる。

近代ヨーロッパにおいて自然科学と工業技術が最も発達したのは、聖と俗が徹底的に分離していたからである（同じ一神教でもイスラム世界が遅れを取ったのは、聖と俗が分離していなかったからである）。

日本においては、外的自己と内的自己の分裂は和魂洋才とかの形に表れていた。和魂とは日本人が日本人であることの根拠、日本人のプライドとアイデンティティの根拠、日本の聖なる伝統であり、洋才とはヨーロッパに負けない軍事力、工業技術である。

和魂と洋才を使い分けることができたことが、近代日本がヨーロッパに対抗できた理由であった（中国が日本に遅れを取ったのは、中華思想がヨーロッパの技術の採用に抵抗したからである）。

ところで、聖俗分離とか和魂洋才とかの形に表れる外的自己と内的自己の分裂は、実のところ、本能が壊れた人類（人間以外の動物は本能に従って行動して過たない）が罹りやすい一種の病気、人格障害なのである。

この病気に関して言えば、アジア人のなかでとくに日本人がこの病気に罹っていたようであるが、日本人よりヨーロッパ人のほうがこの病気は重かったと思われる。

しかし、ヨーロッパで差別されたヨーロッパ人の一部がアメリカ大陸へと逃れ、先住民を大量虐殺し、その土地を奪ってアメリカを建国し、アメリカ人となったわけであるが、このアメリカ人はもともと差別された民族であったヨーロッパ人にさらに差別され、その上、先住民の大量虐殺を正当化したため、ヨーロッパ人よりさらに重い重病人となった。

日本人がヨーロッパ人とアメリカ人（以下、欧米人）のアジア侵略に最初に反発し反撃したのは、同じ病気の病人なので、欧米人の悪意に最初にたやすく気づくことができたということも一因であろう。大東亜戦争は、アジアにおいて、この病気の病人である欧米と、同じ病気の病人である日本が戦った戦争であった。

そして、当然のことながら、病気が重いほうが勝った。

世界一の「重病人」アメリカに未来はあるか？

外的自己と内的自己の分裂がなぜ病気なのかというと、内的自己から切り離された外的自己は、ひたすら外部（の文明、文化、技術など）を崇拝し、模倣しようとするから、内的自己は貶《おとし》められ、劣等とされ、そのため、被害妄想的になり、劣等感、屈辱感が強くなり、それへの反発、反動として、内的自己は逆にいたずらにプライドが高く、誇大妄想的になり、外部に対していわれのない敵意を抱き、支配欲、権力欲が強くなるからである。

したがって、この病人は何の危険がなくても周りの人々を踏みつけにし、優越しようとする。そういうことだから、この人格障害の病人は傍迷惑この上ない。

欧米人が白人はいちばん優秀な人種であるとか、キリスト教は唯一正しい普遍的な宗教であって、他の宗教はすべて邪教であるとか、欧米人以外はみんな野蛮人であって、欧米人は最高の欧米文明を野蛮人に教える責務があるとか信じたのは（今も信じている？）、この病気の症状である誇大妄想の例であるが、この点では日本人も欧米人を笑えないのであって、日本は神国であるとか、東亜の盟主であるとか信じていた。

この病気の病人は、必然的に「力は正義なり」という原理を奉じる権力主義者になるから、病気が重いほうが強い。

これまで強調してきたように、聖に妨げられることなく、いやむしろ、聖を正当化の口実に利用して、俗の権力をより自由により能率的に限りなく発達させ、行使することができるからである。核兵器の発明と使用はこの病気の重篤の症状であった。

言ってみれば、この病気は伝染病であって、この病人は病原菌をまき散らしている。病原菌を移され、同じ病人になる。権力主義者に攻撃された者は、滅ぼされないためには、同じような権力主義者にならざるを得ない。

そういうわけで、病人は無菌者を滅ぼすか、同じ病人に変えるから、結局、無菌者を駆逐し、地球上で病人がだんだんと大勢を占めるようになり、世界は病人で満ち溢れ、人類は危篤状態に陥っている。

言い換えれば、現在、最も重い重病人であるアメリカが世界最強の軍事力を掌握し、勝ち誇って、ますますおのれの権力の正統性と絶対性を信じ、グローバリズムとか言って、世界を画一化し、おのれの権力を隅々まで及ぼし、世界を支配しようとしている。

軍事力と経済力を根幹とするアメリカの権力は今や衰退に向かっているとの説もあるが、もし衰退しなかったとすれば、重病人のアメリカ、人類を何十回も絶滅できる核兵器を所持しているアメリカ、原爆の投下を正当化して恥じないアメリカが病的権力を使って支配する世界に、未来はあるであろうか。人類の滅亡どころか、生命の消滅、地球の破壊へと至らないで済むであろうか。

【2013年9月12日配信】


日本に対する厳しい評価も含まれていますが、本物の思想家・岸田さんの文章にはさすがに重みがあります。こういう原稿に出会ったら、たとえ自分と立場を異にする内容であっても、決して無視するべきではないのです。必ず大きな何かを学び取れます。

次は中矢伸一さん（日本弥栄《いやさか》の会代表）の発信文（2013年7月11日）ですが、別に中矢さんは岸田さんの原稿にあった「神国」や「東亜の盟主」の信奉者ではありません。そう誤解されやすいのですが、お読みいただければ納得いただけると思います。

【真正なる日本を甦らせるために】

現在、私の主宰する「日本弥栄の会」では、『玉響《たまゆら》』という月刊誌を発行している。

創刊は今から19年前の1994年8月。来年で20周年を迎える。

最初は、『真正日本』という題号で、会の名称も「真正日本を考える会」だった。

これまでの欧米追従型の日本でなく、本当の日本、マコトで正しき日本をどういうふうに甦らせるか、それを皆で考えようという意味でつけたタイトルだったが、なんだか右翼団体みたいだと、多く方からご批判を頂いた。

創刊号の表紙には「富士山」の写真を大きく使った。

富士山は言うまでもなく日本の象徴であり、日本人なら誰しもが特別な思いを抱く天下無双の霊峰である。それに日月神示の冒頭は「富士は晴れたり日本晴れ」で始まるし、迷わず創刊号の「顔」は富士山を使った。

ようやく出来上がった手作りの創刊号。思い入れもあった。

「食」に関連した記事も掲載したため、知り合いの自然食品店などに置かせてもらおうと何軒か自分の足でまわった。

そこで気づいたのは、自然食とかオーガニックなどの運動をしている人たちには、どうも思想的にウチと合わない人がいるらしいということだった。

ある自然食品店の店長からは、『真正日本』なんてタイトルの本は置けないと、怒り口調で、ハッキリ断られた。

「だいたいこの表紙はなんですか。富士山でしょう。富士山は日本の国の象徴ですよ。だから自分は富士山が大嫌いです。そんな表紙の本なんか自分の店には置けません」

タイトルが気に入らないというのはまだわかる。

しかし、富士山が日本の象徴だから嫌い、だから問答無用でダメだという理由に、私は何も言えなかった。こんな人がいるのかと思った。

他にも、自然食品店に置かせてもらおうと何軒かまわったが、ほとんどすべての店で難色を示され、断られたことを覚えている。

もともと私は、「真正日本」という表題に、思想的なイメージを重ねたわけではない。ただ「マコトで正しい日本の復活」という意味を込めただけだったのだが、それが人によっては〝右翼的〟として響くらしかった。

購読者からも、「タイトルを変えた方がいい」という意見が相次いだ。「まるで右翼団体みたいだ。イメージが良くない」というのである。

実際、九州に「真正日本の会」という名の右翼団体があったらしい。日月神示は既存の神道からすると異端だが、もともと神道は右翼的思想のベースになるものだから、右翼と通じるところがあっても、別段おかしな話ではない。

それでも、あまりに批判が多かったので、1997年に『神州』という題号に変更した。ところが、これでも「まだ右翼っぽい」と言われた。自分は好きだと言ってくれた方もいたが、批判も寄せられたため、1999年に『たまゆら』に変更した。

これならもう、右翼っぽくはないだろう。

なお、2012年からは『玉響』と漢字表記に改め、現在に至っている。

プラウト思想や縄文精神を説く者にも左翼が多い

十代の高校生の時分、私は宗教というものは極端に嫌いだったが、なぜか昭和天皇は尊敬していた。

とくに何かの本や、誰かの影響を受けたわけではない。なんとなく、昭和天皇という方は立派な方なのだという認識があった。

アメリカ留学から帰ってからはますますその気持ちが強くなり、昭和天皇がテレビに映った時は、食事中だったら正座し（もしくは姿勢を正し）、箸をおいた。

右翼だという認識はなかったし、天皇陛下万歳などと叫ぶ気はなかったが、日本人として、日本国民の象徴である天皇に崇敬の念を表すことは、当然という気持ちはあった。

だから富士山も同様で、日本のシンボルなのだから、日本人が富士山を大切に思うのは当然だろうと思っていた。

それが、よく買い物に行っていた自然食品店の店長に、「日本の象徴だからこそ嫌いなんだ」と言われた。しかもそういう人は意外にも多そうだった。

会を立ち上げるといろいろな方が入会してきたが、中には完全に右翼思想の人もいた。

こういう人は、今度はいっさいの皇室批判を許さない。私が「天皇」と言ったら、「天皇〝陛下〟です。陛下をつけてください」と訂正させられる。「亡くなった」は「崩御された」に、「殺された」は「弑逆《しいぎゃく》された」と言い直させられる。

確かに、公の場での発言であれば言葉に気をつけないといけないかもしれないが、たんなる雑談でも（彼らにとって）正確な表現にしなければならないというのは、なんとも息が詰まる。

自然食とかオーガニックだとか、環境保護とか、ナチュラル系を推奨していたので、そちらの方からは左翼とか、アナキストのような思想を持つ人が入り込んでくる。そして神道系とか思想系からは、右翼っぽいのが入り込んでくる。

どちらも面倒な存在だったが、まあどちらかと言えば、右翼的な連中との方が話は通じた。

それに、左翼といっても、バリバリの左翼みたいなのはいなかったと思う。彼らは宗教を毛嫌いし、否定する。だから日月神示のような神道系のスピリチュアリズムには、初めから関心を示さなかったのだろう。

1995年に出版した『日月神示とプラウト 光輝の書』（徳間書店）という本の中で、日月神示と比較しながら詳述した「プラウト（PROUT）」については、『ザ・フナイ』（№68／平成25年5月号）でも紹介した。

90年代、テレビにもよく登場していたインド人経済学者、ラビ・バトラ博士が、このプラウトの提唱者だった。バトラ博士の本が巷でかなり売れていたので、版元が日月神示と絡めた本を企画したのだった。

それで執筆の依頼がまわってきたのだが、関係者に取材したり資料を集めたりする中で、日本では左翼的指向を持つ人がプラウトに関わっていることに気づいた。彼らの中にはかつての全共闘世代もいて、〝昔の夢よ、もう一度〟という情熱で活動しているようだった。

いわば、日本という国家体制に対するアンチテーゼとして、自給自足型経済社会を提唱するプラウト思想に飛びついたのだ。

なんとなく違和感を覚えた私は、プラウトの実践を唱える日本人活動家たちとは、疎遠になっていった。彼らはプラウトを応用した共同体を作りたがっていたが、資金の面でも人力の面でもうまくいかなかったようだ。

私の思想は神道系といっても、従来の神社神道の流れに完全に与《くみ》するというわけではないので、そこはちょっと複雑だ。

どちらかというと、国家神道の系譜を引き継ぐ神社神道ではないほうの神道、抑圧されたほうの神道、異端の神道のほうが研究対象である。それは、出雲系であったり、国津神系であったり、南朝系であったりする。

「縄文」を反天皇、反国家に利用する左翼

今の神道のルーツは、言うまでもなく神武天皇系であり、原大和朝廷に起源をおく。その神武天皇から万世一系で来ている（とされる）のが現在の皇室である。

だが、実際の歴史的な流れをひも解くと、そう単純ではない。神武天皇系（九州・日向系）もあるし、出雲系もあるし、物部系もあるし、秦系もあるし、様々な有力氏族がいろいろと入り

混じっているのが天皇家だ。

当然、神武天皇が即位する（実在説にもとづけば、だが）以前にも祭祀というのは行われていたし、天皇にあたる御存在もいた。その象徴名の一つが「ニギハヤヒノミコト」であり、神武天皇が東征（じつは東征ではなく東遷）してくる以前に大和の地を治めていたことは、記紀神話でも認めるところである。だから、日本の神道祭祀の起源は神武天皇よりもっとずっと前からあるのは、当たり前の話なのだ。

神武天皇が即位する以前の神道の復活というと、時代的には縄文時代に入るため、私は「縄文神道」という言葉を使った。

日月神示とは縄文神道の復活である、と。

ところがこの「縄文」に思いを寄せる人たちの中にも、左翼系の人たちが多かった。今でもそうだと思う。つまり、神武天皇を初代とする征服王朝（＝天皇家）に対して、征服された側の縄文、というふうに彼らはとらえる。つまり、縄文時代に、現在の日本の国家に対するアンチテーゼを見るのである。

「縄文」という言葉を使いながら、反天皇、反国家に結び付ける彼らのやり方には、どうしても違和感を覚えざるを得なかった。

大本系の宗教でも親天皇か反天皇かで分かれる

明治維新が成ると、新政府は欧米列強に比肩する国家体制づくりを進めるため、神道を最大限に利用した。現人神《あらひとがみ》である天皇を頂点として、全国の神社を一元的に統合し、整備していった。

問題は、この新しい神道体制（国家神道）を作り上げた新政府の人たちが、神を信じない無神論者だったことにある。こうして、神道から〝神（日本精神）〟が抜けた。○の中の〻が、抜け落ちたのである。

中心である〝〻〟は、どこへ行ったのか。じつはその〝〻〟が、幕末から明治時代にかけて現れた民衆宗教へと流れていく。黒住教、天理教、金光教、大本という一連の宗教的磁場発生の動きがそれである。

天理教教祖・中山みきは、為政者たちを「高山」と呼んで批判したことは、『ザ・フナイ』No.64（平成25年1月号）にも書いた。

大本開祖・出口なおのお筆先にも、明治天皇を批判しているとみられる一節がある。

上記の号で紹介したが、それは「明治三十三年二月二十三日」の神諭である。

大本ではあまり公にしたがらないようで、平凡社発行の東洋文庫『大本神諭〈天の巻〉〈火の巻〉』にもここの記述は見られないが、安丸良夫氏の『出口なお』（朝日選書329）には掲載されている。

原文はほとんどが「かな」で書かれ、綾部地方の方言が混じるもので多少わかりにくいが、論旨は明快である。

そこには、日本の国を外国人の自由気儘にさせ、「見苦しい国」におとしめた天皇に対し、「てんしというのは名ばかりで、平人（一般人）と同じである」とその責任を追及し、退陣を求める〝艮《うしとら》の金神〟の厳しい言葉がある。

この痛烈な天皇批判の神諭は、明治時代の天皇、つまり明治天皇に向けられたものであった。

日月神示では絶対的な「てんし様」の存在

日月神示は、その大本の流れを組むものであるが、そこから導き出されるものは何か。

まず、日月神示には「天皇」という呼び方ではほとんど出てこない。わずかに「神武天皇」とあるところに「天皇」という表現（原文は「二ん六てんの二」）が使われているぐらいである。

では、天皇については触れていないのかというと、そうではない。

日月神示は、戦前から戦後にかけて降ろされた（書記された）文書である。

現代は使われなくなったが、戦前までは天皇陛下のことを「てんし（天子）様」と呼んだ。「てんし様」という言葉であれば、非常に多く出されている。とくに、昭和19年から20年代の、初期の頃に降ろされたものに、この記述が目立つ。

また、「スメラミコト」という言葉も多く出されている。「天津日嗣皇尊（アマツヒツギスメラミコト）」は、天皇の正式な呼び方である。

昭和19年6月10日、千葉県成田市台方の麻賀多神社境内で、岡本天明氏の身に霊的な感合現象が起こり、後に日月神示とかひふみ神示とか呼ばれる文書を書記する。

この時に書かれたのが『上つ巻』の第一帖と第二帖である

「てんし様」について述べられた箇所は大変に多く、とくに「基本十二巻」と呼ばれる『上つ巻』から『夜明けの巻』までに集中して出されている。

日月神示の記述から「てんし様」の解釈について考察してみると、霊的な実体である「天津日嗣皇尊大神」と、地上界での君主たる「てんし様（天津日嗣皇尊）」が顕幽一如、一体の存在にならなければいけない、と説いているようである。


日月神示を全巻通して読むと、「臣民」という言葉が大変多く使われていることがわかる。臣というからには君がある。これを君臣の義という。教育勅語にも、「朕爾臣民《ちんなんじしんみん》と倶《とも》に……」などと出て来るのはご存知のとおり。

日月神示はとにかく、どう考えても「反天皇」「反皇室」とは言えない。どちらかというと親天皇、というより、〝日本のみならず世界を治めるただ一人の王〟というのが、「ミロクの世」における天皇の位置づけと解釈できる。

とするとこれは日本天皇の枠を超越した「世界天皇」出現の予言とも言え、そうなると『竹内文書』にある「万国天皇による世界再統一の神勅」とも重なってくる。

日本の国旗についても、日月神示は次のように示している。

「見渡す限り雲もなく、富士は晴れたり日本晴れ、海は晴れたり日本晴れ、港々に日の丸の、旗翻《ひるがえ》る神の国。それまでに言うに言われんことあるなれど、頑張りて下されよ。……てんし様拝《おろが》みてくれよ。てんし様は神と申して知らしてあろがな、まだわからんか、地《くに》の神大切せよと聞かしてあろが」（『水の巻』第一帖）

今に港ごとに日の丸の旗がひるがえるようになる。それまでに大変苦しいことも起きてくるが、頑張ってくれというのである。左翼の連中なら目をつり上げるような一節だ。

日本の公教育の現場では、国旗の掲揚や国歌の斉唱に反対する教師が多いそうだが、こういう神示を読んで彼らはどう思うのだろうか。

上の神示にはさらに続けて、また「てんし様を拝め、てんし様は神」と出てくる。余計な解釈をはさまず、素直に読めば、「天皇を尊びなさい、天皇は神の現れである」という意味になる。

日本国民なら、旗日には我が国の国旗である「日の丸」を誇らしく掲げよう。

そして、「君が代」斉唱の時には、〝天皇陛下の御代、弥栄ましませ〟という思いを込め、高らかに歌おう。

「富士」「てんし様」「日の丸」を讃えるのが日月神示であり、それが右翼的だというのなら、そのとおりということだ。

避けては通れない同和・在日問題

だが、天皇や皇室、あるいは日本の国家体制に反感を持つ人たちも、大勢この国に住んでいることも事実である。

そこで避けては通れないのが、同和・在日問題である。これは日本社会の闇の部分であり、タブーに属する大きな問題だ。

関東以北では、比較的この問題に直面することはあまりないが、関西、とくに大阪とか近畿地方では非常に根深い問題となっている。

『玉響』No.225（平成25年4月号）で、「闇社会の守護神」の異名を持つ元検事・元弁護士の田中森一先生と対談した。

そこに、次のような箇所がある。そのまま引用しよう。

田中　大阪ではね、ヤクザ、在日、同和。この三つをのけたら人がいなくなると言われるくらい、関係者は多いですよ。

中矢　そうしますと、日本を本当の意味で良くしていくためには、どうしてもそういった人たちを排除するというわけにはいかない。だから、一緒に良くなっていかなければと思うんです。あまりこう、彼らをギュウギュウ追い詰めるというやり方は、どうかなと思うんです。結局反発を買うだけではないかと。

田中　そうですね。ヤクザの世界には、在日の人や同和の人が、結構入っているのです。同和の人も在日の人も一般の社会ではなかなか受け入れてくれない。だからヤクザの世界に流れていく人がどうしても多くなる。現実に、被差別地域の出身者は、就職にしろ結婚にしろ、差別というのが歴然としてある。どこへ行っても就職できないのです。当然そういう人たちは、ヤクザや、そういう組織に流れて、社会に対して反感を持つ気持ちになりやすいのです。

中矢　日本を本当に良くしていこうと思ったら、どうしてもそういう「裏の面」からも良くしていかないと。
田中　そうです。排除だけすればいいんじゃなくて、やっぱり社会にどうやって組み入れていくかということを考えていかないといけません。

私もじつは、長い間こういう世界に関わってくると、いわゆる裏社会の人ともご縁があったりもした。下っ端の者はさておき、トップの人となると、変な話だが、一般人よりも真面目で、ストイックな人がいる。ヤクザの世界でも恐れられているような武闘派の親分が、私の本を何回も読んでいるという話を聞き、なんとも言いようのない親近感を持ったものだった。

在日朝鮮人の方でも私の本を何冊も読んでいる方がいた。10数年前のことだが、この方とも何度か直接お会いして、いろいろとお話を伺う機会があった。

彼は、日本神話でスサノオと呼ばれている神様は、朝鮮では「檀君《だんくん》」のことであり、同じ神様なのだと言っていた。他にも、日月神示の自分なりの解釈をいろいろ私に聞かせてくれ、参考になった部分も大いにある。

つまり、日月神示や私の本は、ヤクザや在日の方々も昔から読んでいるし、彼らの中にも彼らなりに「良い日本にしたい、良い世界にしたい」と思っている。

誤解のないように言い添えるが、私はいわゆる「在日特権」などは絶対に廃止した方がいいと思うし、「差別」という言葉の裏で甘い汁を吸うような仕組みには終止符を打たねばならないと考えている。

一方で、日本を本当の意味で「神の国」として蘇らせるには、彼らと敵対するばかりでなく、手を結んでいくことも必要である。

私の考えている「ミロクの世」への道程は、けっして夢物語ではなく、具体的にどうするのか、どういうふうに作り上げるのかという現実問題である。

それには、戦後のタブーとして避けられていた日本社会の闇の部分にも斬り込み、彼らをも抱き参らせ、すべての膿を出さなければならない。それをやらなければ、神国日本など、ただの右翼のくだらないスローガンに終わるだろう。

反原発運動はほとんどが左翼か極左系

先に述べたように、自然食運動とか、有機・自然農法の活動をする個人や団体だけでなく、環境問題やエコロジー活動の分野にもかなりの割合で、左翼系の思想の人たちが多く含まれているようだ。

反原発とか脱原発運動にも非常に多い。

東日本大震災から間もない2011年4月、私は家族連れで、都内で開催された反原発デモに参加した。その時に目にしたのは、デモに便乗してシュプレヒコールを挙げている左翼系の政治団体や宗教団体の姿だった。

原発に反対するスローガンももちろんあったが、「憲法9条を守ろう」とか「消費税増税反対」といった、およそ原発とは無関係の幟《のぼり》がたくさん混じっていた。

デモ参加者の中には、大勢の仲間がいて、気が大きくなるのか、整理にあたっている警察官に食ってかかっている若い男もいた。

後で公安関係の筋から直接聞いたところによると、反原発とか脱原発のデモの主催者は、表向きには伏せられているものの、左翼系、というより、極左系の団体だったりする。

「中矢さん、今度の日曜日に企画されている、どこどこでの反原発デモの主宰者は、表向きは○○○という団体名になっていますが、じつは□□□ですから。あそこには参加しない方がいいですよ」といった具合だ。

公安が監視しているのは、純粋な反原発運動というよりも、デモに便乗して自らの政治活動を拡げようと画策する過激な極左勢力の動きである。

それを知らずに、純粋な気持ちで脱原発運動に参加してしまう人が多くいるのだ。

彼ら左翼勢力にとっては、反原発デモでも何でもいい。国に逆らう気運を盛り立てることが目的なのである。

その最終目標は、共産主義革命による国家転覆であろう。

かつてオウム真理教のテロの時も同じ動きがあった。あの一連の反社会的な凶悪事件は、公称信者数1万人程度のオウム真理教が単独で起こせるようなものではない。麻原彰晃こと松本智津夫の歪んだ野望に、日本転覆を狙う極左勢力や外国の闇組織が便乗したのである。

皇居や首都圏にサリンを撒く計画もあったと言われている。

つまり、国家に逆らうような運動があれば、そこに忍び込み、国民とマスコミを上手く扇動して、日本を潰そうというたくらみが、常に存在するということだ。

ちなみに、オウム真理教の一連の事件の後、逮捕された元幹部の一人にA氏がいる。A氏は、一度は逮捕されたものの、ほどなく無罪放免となり、釈放されている。釈放される時は、警察官が一列に並び、彼を見送ったそうだ。

このA氏は、事件後オウム真理教を離れ、元オウム信者の若い人たちとともに日本のある山中に暮らしていたのだが、私の講演会に参加したことがきっかけで、個人的に親しくなり、彼に請われて元オウムの若い連中の前で話をしたこともある。

彼らは脱会して麻原彰晃からは離れたが、オウムの教義からは完全には離れられていない様子だった。A氏は元暴力団組員で、後に出家してオウム真理教に入信するという振幅の激しい人生を歩んだ人物だが、実際は真面目で心根の優しい人であった。

そのA氏が逮捕拘留中、尋問の際に、オウムが関わっている様々な証拠写真を見せられたことを話してくれた。その時、「警察はこんなことまでわかっているのか」と愕然としたという。私が思うに、公安当局はオウム真理教を背後で操る極左勢力と外国犯罪組織の動きを、かなりつかんでいたのではないかと推察している。

反原発を声高に唱え、放射能汚染でアジる連中が今もいるが、安易に彼らの論調に乗る前に、よくその背景を調べた方がいい。彼らの目的は、じつは原発そのものにあるのではない。日本の弱体化と国家転覆、最終的には日本の赤化が真の狙いである。

私も脱原発は推進しなければならないという立場だが、そこを彼らにつけこまれないように注意を払わなければならないと考えている。

真正なる日本を甦らせるために

毎年一月二日、皇居内では新年恒例の一般参賀が行われる。

私も何回か参加したことがある。その時は、大勢の参加者とともに「天皇陛下、万歳」を三唱する。天皇という「君」と、国民という「臣」が、心を一つにする瞬間だ。日本国という力の源がここにあると思う。

私には、自分が右翼だという感覚はない。おそらく、一般参賀に来る方のほとんどがそうだろう。中には年老いた方もいるし、小さなお子様連れの若い夫婦の姿もある。

日本の伝統を重んじ、世界最古の家柄である天皇家を誇りに思い、未来につないでいきたいという、ただそれだけである。

かといって、私がもし絶対的な天皇崇拝論者であったなら、出雲神族を名乗る方々や、サンカ出身の方々など、天皇や朝廷にまつろわなかった人たちと溝が出来てしまう。それでは本当の意味で「和合」はできない。

今は、イザナギとイザナミ、天照（アマテラス）と素戔嗚（スサノオ）、伊勢と出雲、南朝と北朝といった対立する二つの大きな流れが、融合しなければならない天の機《とき》に差しかかっている。

この大和合が成った時、新たなる霊格というか、神格を持つスメラミコトが日本に誕生することだろう。それが、日月神示に出現が予言されている「世界を治めるただ一人の王」になるのかもしれない。

だが、その日月神示では、右に偏ることも、左に偏ることも、両方を戒めている。

「この道は中行く道ぞ、左も右も偏ってはならんぞ、いつも心にてんし様拝みておれば、何もかも楽にゆけるようになりているのざぞ」（『地つ巻』第四帖）

そう、「中行く道」こそが、マコトで正しき日本、真正なる日本を甦らせることにつながるのだ。

【2013年7月11日配信】

日月神示は研究テーマの一つですし、私は「日の丸」と「君が代」を大事にしたいと思っています。それだけで右翼だというのなら、中矢さんも私もきっと右翼なのでしょう。

しかし実際には、私は右でも左でも、狂信的な思想は好みません。狂信的ということは、独りよがりということでもあります。自分は絶対に正しいのだから、できるだけ多くの人を我が陣営に引き入れることが、世のため人のためになる。その大義のためには、ウソの一つや二ついてもかまわない……、こうなるともう完全に拒否反応を示します。

ウソが嫌いなのです。自分の政治信条やポリシーといったものを、強引に押し付けてくる人も好みません。もともと私はポリティカルな行動自体が嫌いな人間なのでしょう。

自由と自治が好きです。自由があれば、民主国でなくても、王国でも社会主義国でも、いっこうにかまいません。しかし現実には、自由が保障された社会主義国家などは、人類史上に一度も登場したことがないはずです。戦前・戦中の日本も言論統制が厳しかったようですから、要は「全体主義国家に自由なし」ということでしょうね。

中矢さんが書いていたように、まるで日本人ではないような思想を持った人が、いまの日本では当たり前に暮らしています。それを許すところが、日本の日本たるゆえんで、もちろん良いことです。ただし、かつてのオウム真理教のように、日本社会に理不尽な攻撃を企てるようなら、排除するのが当然だとも思っています。

すべて「開けっぴろげ」がいちばんいい

本書の最後は、私と勝仁社長とでつくり上げた発信文（11月7日配信）で締めくくりたいと思います。実際に私がどんなふうに生きてきたかを知ってもらうことで、これからの日本、あるいは世界の人々が依るべき思想・哲学を考えるヒントにしていただきたいのです。このときも体調が悪化してしまい、私が27の項目を立てて、原稿は勝仁社長に書いてもらいました。

上がった原稿を読んだ感想は……「ああ、何とか、これで安心だ」でした。

【船井幸雄の生き様】

1．いままで、無計画で、だれかに言われるままに生きてきた。それが400冊以上の本、年間200回以上の講演になった。（船井幸雄）

【船井勝仁のコメント】船井幸雄のモットーは泥縄式に生きること。泥棒を捕まえてから、それを縛っておく縄を綯《な》うようなやり方のことを泥縄と言い、普通は否定的に無計画である状態に対する表現ですが、船井幸雄はその泥縄式の生き方に誇りを持って肯定的に実践してきました。

計画がなかったから400冊以上の本が出版でき、年間200回以上の講演がこなせたのです。それに誇りを持てた理由は、無計画ではありますが1冊1冊の本、1回1回の講演のすべてに手を抜くことなく、真剣に取り組んできたという自負があるからです。

船井幸雄はマーケティングの専門家なので、年間10冊以上の本を出版することは、本の販売数量を考えた時には得策ではないことを十分分かっています。

いまではとても著名な著者になったある先生が売れ始めた頃、本は多くても年間2冊までにしたほうがいいというアドバイスをしていたことを思い出します。そして、その先生はいまでもその教えを守って出る本はすべてベストセラーになっています。

生き方の美学として船井幸雄自身は、基本的にはオファーされた話はそれが社会に求められていることだと思えば何でやらせていただくという姿勢を貫いてきたようです。

2. 誠実に生きてきた。特に客志向して生きてきた。（船井幸雄）

【船井勝仁のコメント】船井幸雄はコンサルタントという職業を日本に定着させた草分けのひとりです。それまでは銀行員や商工会の相談員が実質無料で経営者にアドバイスをすることはありましたが、それで報酬をいただけるという体系は日本にはありませんでした。

経営コンサルタントという職業は、他に収入がある人が片手間でやるか、もしくは詐欺師が人をだますために使っていた肩書だったのです。だからこそ、コンサルタントである自分が認められるためには、仕事に対する姿勢はストイックなまでに誠実でした。

主要クライアントに対しては24時間365日対応することを約束し、高額な泊まりがけのセミナーの時は徹夜で相談に乗りました。日本全国のにんげんクラブの集まりに行った時に「私のアポイントは夜中の1時で、その後も1時間毎に朝まで約束が入っていた。それでいて、昼間の時間もほとんど一人で講演しているのだから、君のお父さんは本当にすごい人だった」と言われたことがあります。

安くはないセミナー代やコンサルタント料をご負担していただいたお客様には、徹底的な客志向で対応するというコンサルタントとしては当たり前のことを、誰よりも完全にやり切ってきたことが船井総研を日本一のコンサルティング会社にすることができた理由のようなのです。

3．忙しく生きてきた。いまごろになって病気で時間が余り、退屈するとは思わなかった。２０１２年11月末（講演できた）まで、退屈とは無縁だった。（船井幸雄）

【船井勝仁のコメント】船井幸雄は農家の長男に生まれました。子どもの頃から働けるようになれば畑仕事に駆り出されて、農業が本業でその傍らに高校や大学に通ったと言っています。そして、コンサルタントになってからも、人一倍誠実に生きることを選んだので24時間、３６５日仕事に生きる生活を送ってきましたし、それが誇りでもありました。

それが、このところ、本も読めないし文章も書けない状態になり、生まれてはじめて退屈ということを知ることになりました。

船井幸雄は講演することは全然疲れないし、立ちっぱなしで2時間の講演をすることは健康にいいと思っていたようですが、講演で皆様にアウトプットするためにいつも情報のインプットを心がけていました。新聞や雑誌、インターネットからの情報はもちろんのこと、識者の皆様からの直接の情報を絶えず得られるような努力をずっとしてきました。

その秘密を少しだけご披露すると、クイックリスポンスを徹底的にすることです。識者の人は自分の情報に自信を持っており、的確な反応がすぐに帰ってくることが何よりも楽しみだし励みになります。だから船井幸雄はどんなに忙しい時でも、直筆のＦＡＸでお礼をすぐに書いていました。これが人一倍の情報量を誇っている秘訣です。

4. 本当は2007年3月まで超健康人。同年3月12日から半病人（耐えず病気に苦しめられた）。しかし外部には言わなかった。2012年12月から声が出なくなり、病人になった。

（船井幸雄）

5. 80歳ももう終わり。いつ死んでもいいと思っている。またそのぐらい、いまは体調が悪い。（船井幸雄）

【船井勝仁のコメント】 肉体の死がすべての終わりでないことを知っている船井幸雄は生にはあまり執着していません。もちろん、すばらしい世の中を作るためにやりたいことはまだまだありますし、すばらしい世の中が実現しようとしていることを実感している船井幸雄は、本当はそれを見届けてから死んでいきたいと思っています。

ただ、すべてが必要必然ベストだと思っていますので、サムシング・グレートが死んだほうがいいよというのなら、それを受け入れていくことにはまったく抵抗がありませんし、肉体的な辛さを考えると、できれば早く死にたいと思っているようです。

6. 質素に生きてきた。（船井幸雄）

【船井勝仁のコメント】長い間、船井総研の経営者をやっていてその会社が上場したのですから、それなりの創業者利益を手に入れましたが、生活は至って質素でした。それは、贅沢に興味がなかったというか、何よりも時間がない生活をしていましたので、贅沢をする時間がなかったということなのです。

お酒は好きですが2次会には行きませんし、免許も持っていませんので車には興味がありません。また、時間のムダとしか思えなかったのでゴルフもしませんので、一般的な人が考える贅沢をする暇がなかったようです。

後は、美味しいものを食べるぐらいですが、これも時間のムダで本当はカプセルを1錠飲めばそれで健康的に暮らせるのなら、それが一番いいと思っていると本気で言っていました。そういう意味では面白みのない人生を送ってきたのかもしれません。

7. よく稼いだ。ただ個人としてはほとんど残っていない。会社に稼ぎを入れてきたから。（船井幸雄）

【船井勝仁のコメント】コンサルタントの社会的地位を確立することが生きがいでしたので、そのバロメーターになる稼ぐことにはこだわってきました。売上げが1000億円を超えずに1部上場ができなかったら、それまでにもらったコンサルティング料の半分を返すという約束で仕事をもらったこともあり、個人で会社のリスクを取ってきました。

経営者は個人保証をして会社の運転資金を工面するなど、世間で言われているのと逆の意味で公私混同をやらなければいけない職業ですが、船井幸雄は一般的な社長が当たり前にやっていた、本来の意味での公私混同をやってこなかったので、個人としてはあまり稼がなかったと思います。

それに、個人としては質素にしか暮らせないので、個人資産にほとんど興味を持っていません。だからいくら資産があるかもほとんど分かっていません。

最近、船井幸雄や船井本社の持っている船井総研の株式を、相続後も売却しないですむようにしたいと思って、いわゆる相続対策を考えるようになりました。そこで気がついたのですが、父は一体自分がいくらお金を持っているかほとんど知らないし、興味もないということです。

我が父親ながら、本当に変わった人だと思います。

8．整理能力は、ほとんどない。有能な秘書に助けられてきた。（船井幸雄）

【船井勝仁のコメント】 私から見たら整理能力の塊のように思えるのですが、本人はまったくそうは思っていないようです。まだ、バリバリの社長業をやっていた頃、宴席の後、会社に帰ってきて社員の机の上に置いてあるものをすべて捨ててしまったという逸話があり、だから船井総研の古い先輩はどうしても整理できない書類を椅子の上に置いて帰っていました。

それぐらいに整理整頓を大事にしています。

本人はどんなに遅く帰ってきても、行動表をきちんとまとめてからでないと休まないという習慣を大事にしていましたし、記憶力がバツグンによくて誰といつどこでどんな話をしたかを、仕事の話であればほとんど覚えていますので、そういう面でも整理能力はあると思います。

自分が本当に大事にしていることは、どれだけ一生懸命やっても満足できないという話を聞いたことがあります。整理能力に関しては、もっと完璧を追求したいと思っているので、まだまだ満足していないのかもしれません。

ただ、歴代、有能な秘書に恵まれていたことは確かで、男勝りで常務を叱り飛ばすような猛者が何人もいましたし、それぐらいの人は当然秘書の仕事も完璧にこなしていたので、彼女たちに比べたら自分の整理能力には不満なようです。

9. 弱音は吐かない。しかし本当は弱い人間だと思う。（船井幸雄）

【船井勝仁のコメント】 経営者としてコンサルタントとして絶対に他人には弱みを見せないという気概を持って生きてきました。船井幸雄が活躍した時代は、組織のトップは間違いを認めてはいけないというヒットラー・フロイトの法則が大事な時代で、船井幸雄はその専門家でしたので、経営者として会社を守るためには弱みを見せてはいけなかったのです。しかし病気になって、世の中も本音を大事にする時代に変化してきて、自分の弱さを吐露することができるようになってきました。

息子としては、ご苦労様という思いと、これからは魂や心のレベルでは少し楽に生きて欲しいという思いが交差しています。

10. 秘密は守る。（船井幸雄）

【船井勝仁のコメント】 コンサルタントという仕事は守秘義務を守ることが大事です。秘密が守られるので安心して何でも相談することができるのです。

毎日、何十件も寄せられるそんなシリアスな相談に、全部真剣に、命がけで対応してきたことが、これだけ世間の皆様から評価される船井幸雄を作ったのだと言っても過言ではないと思います。

11. 1月生まれなので暑さに弱い。（船井幸雄）

12. イヤなことはしてこなかった。（船井幸雄）

13. 人は分からないらしいが、本当は愛妻家。（船井幸雄）

【船井勝仁のコメント】「家に帰ってくるとタダの人だ」とか、「俺は外では偉いんだぞ」的な発言を時々母に対して発していましたが、子どもでも嫉妬心を感じてしまうぐらい仲のいい「ラブラブ」の夫婦です。お互いに相手の存在を尊敬していて、それでいて自然体に対応できるうらやましい関係を築いています。

船井幸雄が元気な頃は、恐妻家かなと思っていましたが、最近はやっぱり愛妻家だなと思えるようになってきました。

14. 動き回るのが好き。病気とＢＥＤは似合わない。（船井幸雄）

15. 人さまから大事にされてきたようだ。（船井幸雄）

【船井勝仁のコメント】 コンサルティングの現場にいる時や経営相談を受けている時は、経営者以上にその会社のことを考えていました。それを毎日何十社もの相談を受けていたのですから、とにかく時間貧乏でした。だから、会社では秘書が完全にフォローしてくれていましたし、訪問先でも効率的に動くためにとても大事にしてくれました。

時間ができて人生を振り返ることができるようになったいまでは、それがとても贅沢なことで、本当にありがたいことだとしみじみ感じているようです。

16. 読書が大好き。（船井幸雄）

【船井勝仁のコメント】 船井幸雄の特性は難しい話を簡単に説明することができることです。知識欲は旺盛で著者が伝えたいと思っている本質を、時には著者以上に把握することができました。また、速読法を身につけていましたので、15分から30分ぐらいで1冊の本が読めました。必要な情報を得る手段として、読書は本当に日常生活に溶け込んでいる習慣でした。

本をいただく機会も多かったのですが、感覚で読むべき本はすぐに分かりましたので、有名な人が書かれた本でなくてもご縁のある本はすぐに分かりましたし、書店に行くのも大好きでした。読むべき本は直感力で見つけることができたようです。

いまは、読書ぐらいは楽しめるようになってもらいたいと思っています。

17. 書くのが得意。だが、読むのも書くのもいまはほとんど不可能。（船井幸雄）

【船井勝仁のコメント】 即時処理で書かなければいけない原稿を溜めなかったのは、尊敬に値すると思います。

こうして、いまは私が代わりに原稿を書く機会も多くなったのですが、いつも締め切りギリギリになってしまうのです。これを平気でこなしていたのは、やはり書くことに対しては絶対の自信を持っていたのだと思います。

4日間で本を書いてしまったことがあり、そういう本に限って完成度がとても高くいい本が書けたということがありました。

本当にいい原稿は自分が書いたというよりは、いつの間にか書けてしまっていたという時で、そういう時は原稿用紙に書いたばかりの原稿を母に見せて読んでもらって、2人がとても嬉しそうだったのが印象的です。母は、難しいことを書いてあると批判的なコメントをしていましたので、船井幸雄の本が分かりやすいのは、母を読者に想定しているからかもしれません。

それほど大好きな読むことや書くことがままならないことが、いったいどういうメッセージなのか、日々自問自答を繰り返しているようです。

18. 勘はよい。特に人の心はよく分かる。（船井幸雄）

【船井勝仁のコメント】 元来、勘のいい人で、特に経営相談を受けた内容が上手くいくのかダメなのかは、すぐに分かったようです。ただ船井幸雄流は、それをすぐに言わないで、相手に自分で気づいてもらえるように誘導することだったようです。

最近ちょっと怖いなと思うのは、病気をしてから神経がますます研ぎ澄まされるようになり、相手の心の中まで全部見透かすことができるようになったようです。だから、リラックスして余計な思いをなるべく持たないようにして船井幸雄に会いに行くようにしています。

病気をすることは大変で、とてもつらいことですが、ある意味では悟りの状態に近づくひとつの方法論なのかもしれません。

19. 生まれてきたのだが、何かの存在（サムシング・グレート）に生かされてきたように思う。（船井幸雄）

【船井勝仁のコメント】 船井幸雄が最も大好きな考え方のひとつが、京大の後輩に当る村上和雄先生のサムシング・グレートという考え方です。遺伝子の研究家である村上先生は遺伝子の解読競争のまっただ中で、すごい勢いで解読が進んでいくことに驚きながらも、一体この遺伝子情報を書いたのは誰だろうという疑問を思いつきました。

名作を読むのは大変な労力が必要なことですが、名作を書くことにはもっと優れた力が必要で、人間業ではとてもそんなことができないことと、偶然に遺伝子が書かれる確率はあり得ないほど低いことなどを科学者として冷静に考えた時、サムシング・グレートの存在を感じざるを得ない、という結論に彼は達しました。

父も80年余の人生を考えると、自分で懸命に生きてきましたが、実はサムシング・グレートに生かされてきたことを実感しているようです。ただ、これからの理想的な社会ではただ生かされるのではなく、人間が積極的に世の中を想造しながら生きていくのだとも感じているので、そんな社会が実現するのを見届けてみたいという欲も出てきているようです。

20. 気はよくつく。面倒見もよかった。（船井幸雄）

【船井勝仁のコメント】 船井幸雄は秘書を連れて出張に行くのが大嫌いで、どこにでもできるだけ1人で行きました。理由はいろいろありますが、結局自分が一番よく気がつくので、秘書の面倒を自分が見ることになり、かえってわずらわしいということもあったのだと思います。

また、親分肌の面も多々あり、独立して船井総研の前身である（株）日本マーケティングセンターをつくった頃は、自分以外は全員20歳代の若者だったこともあり、公私に渡って様々な面倒を見てきたという自負もあるようです。

21. 自然が好き。（船井幸雄）

【船井勝仁のコメント】 人工的なものが嫌いで、ディズニーランドに行ってビジネスとしての面白みは十分に理解しましたが、大自然の中に行ったほうがはるかに楽しいのに……、と思って帰ってきたという話をよくしていました。

大自然の中にサムシング・グレートを見て、サムシング・グレートが大自然を想造していった様を思い浮かべているのかもしれません。人間は自然には勝てない、それがコンサルタントとして多くの新規事業開発に関わってきた船井幸雄の結論なのかもしれません。

22. 真の友人は少ないようだ。（船井幸雄）

【船井勝仁のコメント】 お酒が大好きで面倒見もよく話題も豊富なので、よくもてましたが、本気の恋愛をしたことはあまりないのではないかと思います。また、心から何でも話せる親友と呼べる存在も、そんなに多くはないのかもしれません。

酔っ払って前後不覚で帰ってきたという記憶はないのですが、一度だけ多分私が高校生の頃に、松屋や東武百貨店の社長を務められた山中鏆《かん》さんと2人で飲んだ時は、よほど楽しかったのか、かなり酔っ払っていたようです。そのことは本にも書いてありますので、山中社長はそんな数少ない親友の一人だったのかもしれません。

23. ムダなことができない性格のようだ。（船井幸雄）

24. 包み込める（アタマに来ない）。（船井幸雄）

【船井勝仁のコメント】 包み込みができることが船井幸雄の最大の特性です。意見の違う2人の話を聞いて、その両者を満足させて前向きに取り組めるような方策を、いとも簡単に実現させてきました。

包み込みは最初はマーケティング戦略として気がついたものでしたが、それを生き方や仕事の仕方、さらには哲学的な範疇にまで拡大してできるようになり、ちょっと言いすぎかもしれませんが、次元の壁を超えるところまで行き着いたのだと思います。

25. まとめるのは上手だ。（船井幸雄）

【船井勝仁のコメント】包み込みができるので、話をまとめることは特技のひとつです。難しい話を簡単に紹介できるのも、対立する意見を調整できるのも、有意の人の集合意識で世の中を変えることも、すべてまとめる能力が活かされているのかもしれません。

26. 薬はきらい。それが、いま多くの薬を飲まされている。（船井幸雄）

27. 勝負には、こだわらない。（船井幸雄）

【船井勝仁のコメント】マーケティングの専門家で日本中の小売業の競争に関わっていた頃は、

「ケンカの船井」と言われたこともありましたが、講演の時に「お前に会社を潰された」と殴りかかってきた人がいて、その人と控室でじっくりと話してから、競争が間違っていることを知って、それからは競争をしないアドバイスをするようになったと語っていました。

競争の次元で物事を捉えていると、いつまでたっても世の中は良くなっていきません。競争社会をどう越えていくかを考えるのが、これからの経営者やリーダーの課題ですし、そのためのアドバイスをするのが、本当のコンサルタントだという強い思いがあるようです。27項目の生き様の最後に「勝負には、こだわらない」を持ってきたことに、船井幸雄が目指してきた人生のあり方が凝縮されているように思います。

――発信文を書き終えて――

この「船井幸雄の生き様」は、なるべく父の気持ちになって書いていったのですが、本人の気持ちが分かれば分かるほど、本当に開けっぴろげに何でも公開するのが好きなんだな、ということがよく分かりました。いま早急に新しい世の中の構築を迫られている私たちの生き方の参考になるような話をお送りできたのではないかと自負しております。

（船井勝仁）

第4章

高島　康司（たかしま　やすし）

社会分析アナリスト、著述家、コンサルタント。異言語コミュニケーションのセミナーを主宰。ビジネス書、ならびに語学書を多数発表。実践的英語力が身につく書籍として好評を得ている。さまざまなシンクタンクの予測情報のみならず、予言などのイレギュラーな方法などにも注目し、社会変動のタイムスケジュールを解析。その分析力は他に類を見ない。

ヤスの備忘録：http://ytaka2011.blog105.fc2.com/

ヤスの英語：http://www.yasunoeigo.com/

菅野　典雄（かんの　のりお）

福島県飯舘村村長。1946年福島県現・飯舘村生まれ。70年帯広畜産大学草地学科卒業。乳牛60頭を飼うかたわら、飯舘村公民館の嘱託館長を務める。96年村長選挙で当選し、第5代目飯舘村村長に就任、現在5期目。合併しない「自主自立の村づくり」を進め、小規模自治体の良さを活かした子育て支援や環境保全活動、定住支援などユニークな施策で知られる。全国農業コンクール名誉賞、NHK「東北ふるさと賞」など受賞多数。著書に『までいの力』(SEEDS出版)、『美しい村に放射能が降った～飯舘村長・決断と覚悟の120日』（ワニブックス）などがある。飯舘村ホームページhttp://www.vill.iitate.fukushima.jp/saigai/

第5章

岸田　秀（きしだ　しゅう）

思想家。1933年香川県善通寺市生まれ。56年、早稲田大学文学部卒業。72年～2004年、和光大学教員。人類は本能が壊れ、現実を見失い、幻想の世界に迷い込んだ変な動物であるとする唯幻論を唱え、その前提に基づいて、人類の歴史をはじめとする諸問題を説明しようとしている思想家。著書は『ものぐさ精神分析』『一神教vs多神教』『日本がアメリカを赦す日』『嘘だらけのヨーロッパ製世界史』『二十世紀を精神分析する』『唯幻論大全』など、多数。

中矢　伸一（なかや　しんいち）

日本弥栄の会代表。1961年生まれ。3年間に及ぶ米国留学生活を通じ、日本と日本民族の特異性を自覚。帰国後、英会話講師・翻訳・通訳など、英語ベースの業務に従事する一方、神道系の歴史、宗教、思想などについて独自に研究を重ねる。91年、それまでの研究をまとめた『日月神示』（徳間書店）を刊行。現在、執筆の傍ら、ネットワーク「日本弥栄の会」を主宰、月刊誌『玉響（たまゆら）』を発行。著書に『ミロクの経済学』（ヒカルランド）、ベンジャミン・フルフォードさんとの共著『闇の終焉と地球元年』（ヴォイス）など多数がある。日本弥栄の会ホームページ　http://www.nihoniyasaka.com/

寄稿者プロフィール一覧

第1章

増田　悦佐（ますだ　えつすけ）
経済アナリスト。1949年東京都生まれ。一橋大学経済学研究科修了後、ジョンズ・ホプキンス大学大学院で歴史学・経済学の博士課程修了。ニューヨーク州立大学助教授を経て、外資系証券会社などでアナリストを務める。『そして2014年、日本経済が甦る』（ビジネス社）、『いま資産を守るためにいちばん大切なこと』（徳間書店）、『日本と世界を揺り動かす物凄いこと』（マガジンハウス）など著書多数。

第2章

森垣　武彦（もりがき　たけひこ）
1933年1月16日生まれ。高校を月謝が払えないため1週間で中退し、大阪の洋傘問屋につとめ、その後、独立してシャツ・洋傘製造卸をするも利益が出ないため、小売に転向。昭和49年頃、日本マーケティングセンターを知り、勉強を始め、その後、枚方店事故後、千日前、道頓堀に出店し、最高は全店で12億円を売り上げた。現在はメンズは1億円程で、不動産貸付業会社を運営。

矢山　利彦（ややま　としひこ）
Y.H.C.矢山クリニック院長。1980年に九州大学医学部卒。87年より佐賀県立病院に移り、好生館外科医長、東洋医学診療部長を歴任する。2001年Y.H.C.矢山クリニック開院。2005年6月、医科と歯科、気功道場、自然食レストランを併設した新病棟を開院。西洋医学と東洋医学を融合させ、「気」という生命エネルギーを生かす総合的な医療を実践している。バイオレゾナンス医学会を設立し、理事長就任。Y.H.C.矢山クリニック　http://www.yayamaclinic.com/　バイオレゾナンス医学会 http://www.bio-resonanz.jp/コスミックエナジー研究所http://www.cosmic-energy.co.jp/

第3章

西郷　竹彦（さいごう　たけひこ）
文芸学者。元鹿児島短期大学教授。現在、文芸教育研究協議会会長、総合人間学会理事。1920年鹿児島県生まれ。著作に『西郷竹彦　文芸・教育全集』36巻（恒文社）ほか多数ある。

前泊　博盛（まえどまり　ひろもり）
沖縄国際大学大学院教授。1960年生まれ。駒澤大学法学部、明治大学大学院卒（経済学修士）。「琉球新報」編集局次長、経営企画局次長などを経て、現職。86年に「国家機密法と沖縄」でJCJ（日本ジャーナリスト会議）賞（取材班）、2004年に外務省機密文書のスクープと日米地位協定改定キャンペーン記事「検証　地位協定～不平等の源流」で第4回石橋湛山記念早稲田ジャーナリズム大賞、JCJ大賞、新聞労連ジャーナリズム大賞特別賞の3賞受賞。著書に『子供たちの赤信号～学校保健室はいま』（沖縄出版）、『もっと知りたい! 本当の沖縄』（岩波書店）、『検証「沖縄問題」』（共著、東洋経済新報社）など多数。

岩崎　旭（いわさき　あきら）
株式会社李白社創業者。1947年埼玉県生まれ。71年早大卒後、徳間書店入社。雑誌、総合月刊誌、書籍等の編集長を歴任。1995年、取締役編集局長に就任。1999年、ビジネス社社長を兼務。2002年、ビジネス社社長専任となり、6年後退社。李白社を創業後、現在に至る。

あとがき

この本『船井幸雄が最後に伝えたかった真実』をお手に取り、ここまでお読みくださいまして、まことにありがとうございました。

本書は、２０１２年１月から始まった、会員制の有料メールマガジン『船井メールクラブ』(http://www.funai-mailclub.com/)の、２０１３年６月〜２０１３年12月の発信文を、書籍として編集し直し、発刊させていただいた、船井メールクラブの書籍版の第2弾になります（第1弾は、同じくビジネス社から２０１４年８月に発刊させていただいた『すべては「必要、必然、最善」』です）。

この第2弾の本書を、船井幸雄の1周忌の1月19日に発刊できましたことは大変うれしく、船井幸雄もとても喜んでくれていることと思います。

本書には、船井幸雄が船井メールクラブに寄せてくれていた原稿が余さず入っています。

船井幸雄は、多くの人が知ったほうがよい、世の中のためになるような情報は、より多くの人が読みやすいように公開することが大事だと考えていましたので、こうして書籍という形になり、『船井メールクラブ』の会員様以外の方にも手軽にお読みいただけるようになったことを心から喜んでいると思います。

もちろん、船井勝仁をはじめ、私ども船井メールクラブのスタッフも、こうして書籍になり、多くの方々にお読みいただけることを大変うれしく思っております。

とくに、昨今の政治経済の不安定さや信頼できない状況、自然災害の数々、また基盤が揺ぎ始めた世界情勢を見ても、ご自身やご家族、身近な大切な方々の将来や、またマクロには地球はこの先どうなるのか、大丈夫なのか？　という不安をお持ちの方も多いと思います。

そんな現在のような状況がすでに見えていたのか、船井幸雄は、日本中がバブルで浮かれていた1980年代から「このまま資本主義が進めば、地球はもたなくなる」と直感し、いちはやく「資本主義」を超えた「本物主義」時代の到来を確信し、2003年4月には（株）本物研究所を設立しました。

私自身は2004年6月の30歳の時に船井グループに入社し、2005年3月から（株）船井本社で『船井幸雄.com』（http://www.funaiyukio.com/）の編集に携わらせていただいています。2005年3月から2014年1月に船井幸雄が亡くなるまで、船井幸雄が書くたいていの原稿は直接FAXで受け取り、真っ先に読み、発信させていただいておりましたが、いま思い返してみても、この約9年の間に（おそらく皆さまもそれぞれお感じだと思いますが）、マクロレベルでもミクロレベルでも本当にいろいろな変化がありました。

しかし逆に考えれば、すべて船井幸雄の言っているとおりに世の中が進んできたと言えるのです。私にとっては船井幸雄の底知れないパワーを目の当たりにでき、肌で感じられた貴重な約9年間でした。

ところで本書は、経営の〝超プロ〟として、高度経済成長期から多くの企業の経営指導をし、日本経済を牽引してきた船井幸雄の「経営コンサルティング法」を大きな一つの柱としてまとめさせていただきました。

81歳で亡くなるまでの晩年の約10年間は、実質的な企業コンサルティングからはほぼ離れ、その経験と才能を「『日本』の経営」という視点に集中させて活動していたように感じます（もちろん、政治活動などをしていたわけではありませんが）。本書中の飾らない本音の船井幸雄の言葉が、船井幸雄が命に代えてでも皆さまに伝えたかったことと言えるでしょう。

また、今回掲載させていただいている、船井メールクラブの〝超プロ〟の執筆陣の方々は、だいたいは生前の船井幸雄と親交の深かった人たちですが、それぞれの専門分野から、日本の未来が明るく希望に満ちたものになるような奥深い内容を書いてくださっています。

このような多くの素晴らしい執筆者に恵まれているという利点を最大限に活かし、「船井メールクラブ」では今後も「世の中を良くし、明るい未来を実現したい」という船井幸雄の大望をどうにか引き継いでいけるよう、船井勝仁を中心に以下の視点を重視してこれからも情報を発信していく予定です。

1．真実を知る
2．歴史を振り返り、学ぶ
3．「長所伸展法」に則り、日本の長所を掘り起こしてみる
4．現在の日本で最も犠牲にあわれている（だろう）方々の声を聴き、寄り添う

「4」に関しては、現在、日本で最も犠牲を強いられていると思われる福島と沖縄に焦点を当て、福島県の飯舘村村長の菅野典雄さんにお話を伺うことができ、また沖縄県の沖縄国際大学大学院教授の前泊博盛さんにはご寄稿いただくことができました。それをこうして書籍の形にできたことは大変うれしく思っております。今後も寄り添い、見守らせていただきたいと思っています。

最後に、今回の発刊にあたり、ビジネス社編集部ならびに外部スタッフの皆さまには今回も様々な工夫を凝らし、多大な御尽力をいただき、本当にありがとうございました。そしてこの本をお手にとってくださった皆さま、本当にありがとうございます。

２０１４年12月10日

船井メールクラブ事務局　編集長　藤原かおり

「船井メールクラブ」の詳細、ご入会につきましては、
以下のサイトをご覧ください。

http://www.funai-mailclub.com/

（株）船井本社　船井メールクラブ事務局
（営業時間：平日9：30～18：00）

メール：info@funai-mailclub.com
TEL：03-5782-8110　FAX：03-5782-8111

著者略歴

船井 幸雄（ふない・ゆきお）

1933年大阪府に生まれ。56年京都大学農学部農林経済学科を卒業。日本マネジメント協会の経営コンサルタント、理事などを経て、70年に㈱日本マーケティングセンターを設立。85年同社を㈱船井総合研究所に社名変更。88年、経営コンサルタント会社として世界ではじめて株式を上場（現在、東証一部上場会社）。社長、会長を経て、2003年に同社の役員を退任。㈱船井本社の会長、㈱船井総合研究所、㈱本物研究所、㈱船井メディアなどの最高顧問。著書約400冊。2014年1月19日、逝去。

編集協力／市川尚

船井幸雄が最後に伝えたかった真実

2015年2月1日　第1刷発行

著　者　　船井幸雄

発行者　　唐津 隆

発行所　　株式会社ビジネス社

〒162-0805　東京都新宿区矢来町114番地 神楽坂高橋ビル5階
電話　03(5227)1602　FAX　03(5227)1603
http://www.business-sha.co.jp

印刷・製本　大日本印刷株式会社

〈カバーデザイン〉金子眞枝　〈本文組版〉茂呂田剛（エムアンドケイ）

〈編集担当〉本田朋子　〈営業担当〉山口健志

ISBN978-4-8284-1797-4

ビジネス社の本

失速する世界経済と日本を襲う円安インフレ

恐慌前夜の資産防衛

朝倉慶　船井勝仁……著

定価　本体1600円＋税
ISBN978-4-8284-1781-3

朝倉慶のピックアップ16銘柄を収録！

すでにインフレ破産が始まった！　いやでも日本はインフレになっていく。そして国際暴落は既定路線である。混迷が深まっていく世界と日本の経済、不透明な株式市場と為替市場の動き、そして日本国債の暴落はあるのかないのか？　格差の拡大が止まらず世界的に矛盾を抱えつつある資本主義の行く末は？　財産を失わないための資産防衛を徹底解明！

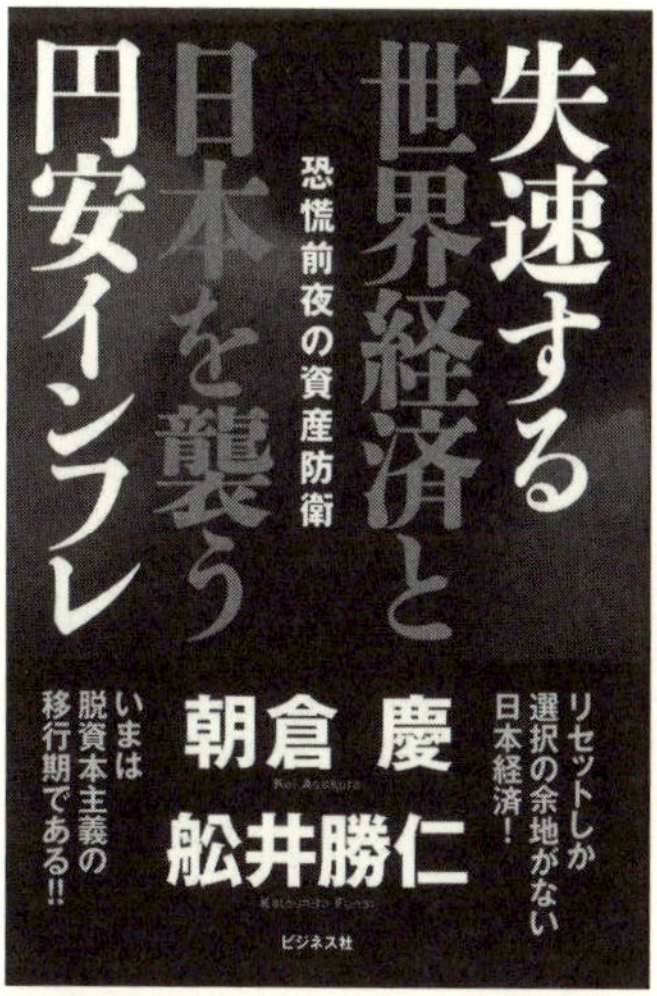

本書の内容

ビジネス社の本

すべては「必要、必然、最善」

船井幸雄がこの世に言い残したこと

定価　本体1600円＋税
ISBN978-4-8284-1766-0

船井幸雄……著

「死ぬことが怖くなくなった。むしろ喜んでお迎えを待っているようだ」「使命を果たしたら老兵は静かに消えゆくのみ。これがもっともよい」２０１４年１月に逝去した船井幸雄のラストメッセージ！　死を目前にした著者船井幸雄が残した原稿を書籍化！

本書の内容

第１章　サムシンググレートから与えられた新しい使命
第２章　精神世界の研究に没頭した本当の理由
第３章　父と子の対話から「神との対話」へ
第４章　より良い世界の到来を予感させるシグナル
第５章　本物技術が世界の支配・被支配構造を崩壊させる
第６章　みんなが自由で平等な世界が実現する